Daniel Bovolento
do blog *Entre todas as coisas*

Por onde andam as pessoas interessantes?

4ª reimpressão

Planeta

Copyright © Daniel Bovolento, 2015
Copyright © Editora Planeta do Brasil, 2016
Todos os direitos reservados

Preparação de texto: Alessandra Miranda de Sá
Revisão: Márcia Benjamim e Heloísa Lopes
Capa: Ana Dobón
Imagem de capa: Cachetejack/ImageZoo/Corbis/Latinstock
Projeto gráfico e diagramação: Ana Dobón

Dados Internacionais de Catalogação na Publicação (CIP)
Angélica Ilacqua CRB-8/7057

Bovolento, Daniel
   Por onde andam as pessoas interessantes? / Daniel Bovolento. – São Paulo: Planeta do Brasil, 2015.
   192 p.

   ISBN: 978-85-422-0581-7

   1. Crônicas brasileiras 2. Relações humanas 3. Blogs I. Título

15-0740   CDD B869.93

Índices para catálogo sistemático:
1. Crônicas brasileiras

Acreditamos nos livros

Este livro foi composto em fonte Corbel e impresso pela Gráfica Santa Marta para a Editora Planeta do Brasil em julho de 2021.

2021
Todos os direitos desta edição reservados à
EDITORA PLANETA DO BRASIL LTDA.
Rua Padre João Manuel, 100 - 21º andar
Edifício Horsa II - Cerqueira César
01411-000 - São Paulo-SP
www.planetadelivros.com.br
atendimento@editoraplaneta.com.br

Sumário

Prefácio – Stella Florence 5
Introdução 6

1. Por onde andam as pessoas interessantes? 8
2. Todo mundo já teve um amor imaginário 12
3. Eu invento começos 16
4. Não era pra ser 20
5. No ponto 24
6. Apego ao texto 28
7. Café pra dois 32
8. Não foi tempo perdido 36
9. A gente se vê 40
10. De repente 44
11. *Causa mortis* 50
12. Eu não quero um amor de cinema 54
13. Aproveite o silêncio 58
14. Teu 62
15. O mundo é feito de estranhos 66
16. De lua 70
17. Você também vai ser trouxa um dia 74
18. Tarô 78
19. Você acredita em amor à primeira vista? 82
20. Rito de passagem 86
21. Faça durar para sempre 90
22. Meu dia foi cinza 94
23. Cuida dela 98
24. Não quero ser suficiente 102
25. Ninguém tem bola de cristal 106
26. Eu vou tirar você desse lugar 110
27. Era alarme falso 114
28. Alguém que você costumava conhecer 118
29. Deve ter acontecido alguma coisa 122
30. Algumas coisas só vão embora depois de ensinarem uma lição .. 126

31. Fora de casa você é meu abrigo 130
32. Platônico até pode ser 134
33. Você precisa sentir tudo 138
34. E se... 142
35. Ainda chove 146
36. Hoje eu não escrevi sobre você.. 150
37. Tarde demais 154
38. Sapato novo 158
39. Tudo passa 162
40. Meu homem de Aquário 166
41. Sinal vermelho 170
42. Um dia desses eu te levo pra casa 174
43. Esse vazio aqui dentro 178
44. Ao amor da minha vida.. 182
45. Quando um amor acaba, pra onde ele vai? 186
Agradecimentos... 190

Prefácio

DANIEL ESTÁ NU

por Stella Florence

Os escritores ruins estão todos vestidos, pobrezinhos. Estão de fraque, cartola, traje de festa, joias de vidro. Já os bons escritores, sem se darem conta disso, sem se vangloriarem de sua coragem, estão sempre nus. Quanto mais inventam, mais se despem. Quanto mais criam, mais revelam sobre si mesmos.

Neste livro, Daniel está nu em pelo.

Quando escreve como um homem que ama outro homem, Daniel está nu.

Quando escreve como uma mulher que ama um homem, Daniel está nu.

Quando escreve como uma mulher que ama outra mulher, Daniel está nu.

Quando escreve como um homem que ama uma mulher, Daniel está nu.

Antes que você se lance neste livro, porém, tenho o dever de avisar: bons escritores, escritores nus, provocam a mais absoluta nudez em quem os lê.

O risco agora é todo seu.

Introdução
por Daniel Bovolento

Tudo aquilo que eu sentia, deixei aqui. Deixei enquanto andava para o ponto de ônibus com fones no ouvido, imaginando umas vinte histórias de amor com rostos desconhecidos. Deixei enquanto me lembrava de quem já esteve aqui e foi embora, de quem nunca existiu e foi embora também. Deixei enquanto tatuava um trecho de Bukowski na pele pra nunca me esquecer de como a gente tem que continuar lutando por aquilo que ama. Deixei enquanto enfiava o dedo na garganta pra vomitar tudo no papel, afinal de contas, escrever sobre sentimentos é não ter nojo de botar tudo para fora.

Em viagens constantes entre Rio de Janeiro e São Paulo, em multidões abarrotadas no metrô, nos ônibus, nos saguões de aeroportos e em todo lugar a gente nota a mesma coisa: um bando de gente se esbarrando e se perdendo, se cruzando e se desencontrando. E ainda dizem que não encontram ninguém por aí. O problema de toda essa gente (e o meu também) é que temos que lidar com nossas histórias particulares de amores que não deram certo, de amores que ainda não aconteceram, de amores que a gente cria o tempo todo. Por conta disso, afundamos numa areia movediça que não nos deixa conhecer alguém que nos tire de lá, ou será que a culpa é do mundo que não nos apresenta pessoas interessantes?

São esses dilemas e sentimentos que trago para este livro. Aqui trato de amores interrompidos, rasurados pelo tempo, estocados na memória, com cheiro de sentimento que nunca se realizou. Falo sobre tudo o que a gente sente, do desprezo à sensação única de felicidade com um beijo de novela. Falo sobre tudo o que a gente cria na cabeça, da despedida-que-não-aconteceu ao final feliz de uma quarta-feira qualquer. Só porque acontece dentro da nossa cabeça, não quer dizer que não seja real. É real pra burro, tão real que sentimos quase que fisicamente a coisa toda.

Falando em música, cada capítulo aqui é aberto por uma trilha sonora que conversa com o texto. Espero que você goste das indicações e que as sinta dentro de cada personagem. Assim como no blog, não poderia deixar de criar um ambiente pra quem lê meus textos confessionais. São confissões daquilo que vivi e do que gostaria de ter vivido, daquilo que sonhei e de pesadelos dos quais acordei no meio da noite.

Como diria Renato Russo, neste livro "sou fera, sou bicho, sou homem, sou mulher". Afinal de contas, todo personagem é um pouco da gente. Eu sou todos eles.

E espero que você também seja.

1

POR ONDE ANDAM AS PESSOAS INTERESSANTES?

♪ "Socorro, eu não estou sentindo nada."
(*Socorro*, Arnaldo Antunes.) ♪

Depois que terminei meu namoro, senti que as coisas deram a devida reviravolta que eu tanto proclamava. De quatro a seis semanas foi o suficiente pra poeira baixar e chegar ao limbo.

O limbo é aquele lugar calmo, não muito raro, que todo mundo tem dentro de si. Um sótão que não é escuro, não abriga histórias de terror, não tem nada a ver com os filmes. Passei um bom tempo lá e confesso que tava até feliz por não ter que me distrair com ninguém a não ser eu mesmo.

Depois de todo fim, a gente precisa de um tempo pra cuidar da gente, botar a cabeça no lugar, sair por aí pegando uma infinidade de gente – papo chato de autoafirmação; aposto que você me entende. E, depois de tudo isso, a gente para lá no limbo pra tomar uma cerveja.

De uns meses pra cá eu senti nada. Sentia nada, nadinha. Nem por uma, nem por dez das pessoas que jantaram comigo – e não é exagero, foram dez mesmo. Mexicano, japonês, italiano, comida no parque, jantar na casa dela, McDonald's no shopping, rodízio de pizza, crepe na Voluntários, cachorro-quente num aniversário, sobremesa aqui em casa. A cada pessoa nascia aquele interesse curioso que era rapidamente sucedido pela preguiça de se dispor, de ter que contar toda a minha história, de ter que voltar pro grande jogo das conquistas.

Não me entenda mal. Eu sempre gostei de conhecer gente. Sempre gostei de ter um coração meio vagabundo que se encantava fácil, que era só achar quem tratasse bem ou batesse um pouco que ficava grudado no celular esperando resposta. E agora nada. Nadica. A maior demonstração disso foi quando superei o medo irrefreável de tirar o *last seen* do WhatsApp.

Não tenho esperado mais resposta de ninguém e tenho tido pavor de responder a alguém que não seja um dos meus amigos. Ontem, por exemplo, peguei um ônibus lotado e um senhorzinho puxou assunto. Contou da vida, perguntou da minha. Monossilábica, meu senhor, é assim que ela anda. Nem escondi a intolerância e tratei logo de botar dois fones no ouvido pra me esconder do desconhecido. Reparei que a gente sempre faz isso na vida. A gente sempre abafa o que tenta incomodar a apatia com algum som familiar, com alguma memória preenchida ou com a desculpa de que a gente tá sempre ocupado e não pode prestar atenção. Eu, assim como um monte de gente, não quero sair da inércia, não quero sair daquele limbo sentimental, a menos que alguém me puxe.

E isso me leva a outra questão: por onde andam essas pessoas que costumavam puxar a gente? Já falei sobre *timing* e sobre um monte de ingredientes pra equação, mas nem exijo amor, não. O que eu quero é uma história à toa, por menor que seja, só pra não lidar com o egoísmo da solidão. E nada de aparecer alguém que dê *match* na vida real como a gente dá no Tinder; ninguém que faça a gente ter vontade de continuar um papo tranquilo sem cobrança, mas com vontade de continuar. Quando falo em gente interessante, me refiro única e exclusivamente a quem se conecte com a gente de verdade, para além do mundo virtual e dos telefones da vida.

Outro dia perguntei pra um amigo se ele sentia que as pessoas interessantes tinham sumido e ele disse que sim. Mais uma corja de amigos recém-separados e na mesma faixa de idade responderam o mesmo. E isso me faz pensar se a gente é que ficou desinteressante, ou se o limbo emocional – nossa casa constante com o passar dos anos e dos relacionamentos – acabou tornando a gente mais exigente e maduro. Ou se realmente anda difícil encontrar conexão emocional numa época em que os aplicativos de pegação, a variedade de opções e a falta de tempo costumam transformar em instantâneos os relacionamentos que já estavam se tornando efêmeros.

Daqui do limbo as coisas vão de mal a monótonas. Cada novo encontro mostra que a barra de compatibilidade do last.fm tá quebrada. E eu já não sei mais se é a gente que deixou a coisa da conexão emocional se apagar por conta do momento, da apatia, da vontade interna de manter as coisas caladas, ou se o mundo não tem proporcionado bons encontros com gente interessante – que deve andar escondida.

Talvez nós mesmos tenhamos nos tornado desinteressantes pela apatia. A única coisa que sei mesmo é que o Arnaldo Antunes nunca fez tanto sentido como hoje. Enquanto eu escrevia esse texto, um trecho dele martelava na minha cabeça, no meu limbo, na minha falta de interesse: "Socorro, alguém me dê um coração, que esse já não bate nem apanha".

2

TODO MUNDO JÁ TEVE UM AMOR IMAGINÁRIO

♪♫ "Don't waste your time on me
You're already the voice inside of my head."
(*I Miss You*, Blink 182.) ♫♪

Um dia me perguntaram qual era o pior tipo de amor que eu já tinha vivido. Pensei de primeira nos amores errados, naqueles que trilharam início bonito, meio conturbado e fim desastroso. Pensei nos amores de panelas batendo na cozinha, daqueles de bom-dia para o porteiro, de portas rangendo e pés cuidadosos tarde da noite no piso da casa. Pensei nos amores que a gente apresentou pros amigos e pros pais, cujos nomes, depois, teve que pedir que esquecessem rapidamente. Mas não. Esse nunca foi o pior tipo de amor.

O pior tipo de amor é o amor imaginário.

E, quando eu falo em amor imaginário, não me refiro àqueles platônicos, que você sente pelo seu ator preferido ou por aquela modelo russa que viu num comercial. Falo de todo amor que, por algum motivo, acabou indo parar no mundo da imaginação. E se...? Como seria se...? O que aconteceu com...? O que vai ser da gente? E todas aquelas perguntas que a gente faz quando um amor não acontece, ou acontece pela metade, ou ainda é arrancado da gente pelo destino ou por alguma fatalidade, ou, quem sabe, decide ir embora e interromper tudo? O que sentimos ao viver um amor imaginário é difícil de descrever: vai da felicidade extrema em ter finalmente encontrado alguém à desolação natural de quem encontrou as chaves em cima do criado-mudo – sinal de renúncia da casa.

Os amores imaginários também podem ser bastante cômicos. Eles não são apenas chocolate, sorvete e *O Diário de Bridget Jones* nos finais de semana. São amores de pontos de ônibus, são os mozões que a gente viu uma única vez na vida e já pensou no nome dos três filhos e na cor dos quartos de cada um. São os amores que não aconteceram porque a gente pisou numa casca de banana no exato momento em que a tal pessoa olhou pra gente. São os amores que a gente viu que nem eram grande coisa e que tinham algo de errado, como feijão preso nos dentes ou chulé insuportável.

Amores imaginários são tragicômicos. Trágicos porque são com a gente; cômicos porque alguém sempre vai acabar rindo no fim das contas – nós ou os outros, que vão ouvir as histórias. Tragicômico é o adjetivo que define meus amores nos últimos anos, tão imaginários que só existiram na minha cabeça, nos meus cadernos, nas músicas que escrevi e nunca cantarolei por aí. Aprendi que dá pra rir e chorar com os amores imaginários que a gente tem ao longo da vida. E que eles não são imaginários para sempre.

Alguns dos amores imaginários são tão reais que chegam a cortar a pele ou manchar a boca da gente com chocolate ou canela – depende da situação do beijo, se vai ser em casa ou num café. Alguns vão render histórias que poderiam virar um livro ou uma boa conversa de bar com outro amor imaginário. Afinal de contas, eles andam por aí aos montes fantasiados de histórias reais que a gente nunca vai viver – pelo menos, não do jeito que a gente gostaria que fosse. E é por isso que são imaginários.

Pensando a respeito desse assunto, resolvi mudar um pouco a resposta que eu daria sobre o pior tipo de amor que alguém pode ter. Balbuciei alguma coisa em torno de amores não correspondidos – que não deixam de ser um tipo de amor imaginário. Mas, ainda assim, são só uma fatia do todo. Achei que essa resposta compensaria e faria justiça a esses amores, até porque foi pensando na dimensão deles que percebi não serem os do pior tipo. Nah. Seria uma injustiça dizer isso.

Os amores imaginários são os que mais ensinam pra gente; são nossa prova de fogo. O vestibular de medicina em que todo mundo vai passar um dia na vida. Quem nunca teve um amor imaginário? Eu já tive, você também. E, se não teve, prepare-se, porque uma coisa é certa nesta vida: você vai ter algum. Mesmo que só exista na sua cabeça. Aliás, nunca entendi o problema que as pessoas têm com histórias que acontecem na nossa cabeça.

Parafraseando um grande personagem da minha adolescência que disse algo muito sábio uma vez, eu te pergunto: só porque acontece dentro da sua cabeça, quer dizer que não seja real? É real pra burro. Você já sentiu isso. E, se não sentiu, paciência. É só questão de tempo.

3

EU INVENTO COMEÇOS

♫ "But he stays all the same
Waits for you
Then sees you through."
(*Daydreamer*, Adele.) ♫

Nunca contei isso pra ninguém, mas ontem percebi que eu coleciono começos.

Coleciono-os de forma quase inconsciente. São os primeiros bilhetes de cinema, a nota fiscal do primeiro jantar, o primeiro sachê usado no café, a foto do primeiro local em que a gente se viu. São partículas de inícios, coisas que simbolizam os primeiros passos de uma história que eu não sei se vai se desenrolar. Se pudesse, colecionaria até os primeiros beijos. Primeiro-alguma-coisa, e pronto... já vai logo parar numa caixa.

Meus começos são guardados porque, bem, sou um otimista. Nunca sei quando alguém vai entrar pra ficar ou é só passageiro, pegando carona pra descer no próximo ponto e agradecer pela viagem. Mas vejo em toda nova história bonita em que alguém é gentil comigo uma oportunidade de recomeço. E é por isso que eu invento começos.

Invento-os naquele tíquete de cinema pro qual você me chamou numa quinta-feira chuvosa, quando eu estava de passagem pela cidade. Invento no beijo no rosto durante o jantar no píer da Lagoa. Invento como quem diz pra si mesmo que esse é só o começo de alguma-coisa-
-estranha-que-faz-balançar-o-corpo-e-vai-manter-a-gente-vivo.

Parece bobo, mas faço isso sempre que alguém me desperta um desejo verdadeiro de permanência. Isso é resultado direto das idas e vindas amorosas da minha vida. Brinquei tanto de receber e ver partir, que acho que cada romance novo vai ter início e fim numa estação de trem.

Percebi isso ontem vasculhando a minha carteira. Queria uma nota de dez reais, mas achei os tíquetes do primeiro (e último) filme que a gente viu juntos. *Relatos selvagens*, um recorte argentino de situações de vingança, ótimo para um dia útil cansativo. Lembro que eu perguntei se você tinha algo pra fazer e você disse que queria me ver. Sem segundas intenções. Deixou a mão parada no encosto da cadeira e eu juntei nela as minhas. Droga, suei. Sempre suo quando fico nervoso, mas tudo bem; fingi que era por causa do filme. Rolaram os créditos, a gente não deu certo. Mas levei os tíquetes comigo.

Não sei por que faço isso; acho que é uma forma de querer decorar a história toda desde o início pra contar como a gente se conheceu e as coisas que a gente fez no decorrer do caminho. É a minha maneira de roteirizar a gente, de jurar pra mim mesmo que as coisas foram coerentes, que desde o primeiro passo a gente já dava certo. É também esperança: enquanto não invento outro começo, convivo com o sentimento de que aquele vai ter também um meio e um fim distantes. Me faz lembrar com carinho de quem acabou de chegar à minha vida. Não que eu seja um desesperado que joga confete e enfeita todo e qualquer tipo de encontro; é apenas meu jeito de pedir pra ficar, meu grito atrasado, avisando que eu queria que tivesse dado certo...

E, de tanto inventar começos, passei a colecioná-los. Sempre o início; sempre algo que ficou por ali e nunca mais saiu do ponto de partida. Esqueceram de dar o tiro de largada para esses amores de carteira, então eles se tornaram puro simbolismo. Lembro-me deles com carinho e sempre reluto em jogá-los fora. Mas faço isso. Faço e transformo esse processo de inventar inícios em um ritual contraditório que põe fim neles: depois de um tempo, jogo fora a história que não deu certo e deixo espaço vazio para a próxima.

Pena que só consigo me livrar das memórias físicas, do tíquete, do guardanapo, da caneca de café. Mas a lembrança da coisa que não deu certo fica. E não passa nunca.

4

NÃO ERA PRA SER

♪♪ *"Looking you over,
and you don't know my name yet..."*
(*Warm Water*, Banks.) ♪♪

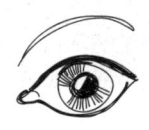

Passei a festa inteira olhando pra ela. Era a segunda festa que eu ia naquele lugar, na mesma semana, meus amigos já estavam todos loucos e jogados em algum canto da sala, eu não parava de dançar e mesmo assim passei a festa inteira olhando pra ela. Quase meia-noite, nenhuma confirmação de interesse, parei de olhar e fui avisar que iria embora. Ela parou, sorriu, sorri, tudo bem?, tudo ótimo, seu nome?, ela disse, eu também, quer pegar meu telefone?, meu celular tá descarregado, pega o meu então.

Vinte e quatro horas depois, e nada. Nem um sinal de mensagem ou umas palavrinhas no WhatsApp. Nem fumaça, nem sabia o sobrenome pra dar aquela stalkeada marota e tentar achá-la no Facebook. E se eu tivesse dado o telefone errado? Possível, tava meio bêbado. E se ela anotou errado? Merda, por que não pedi o telefone de alguém pra ter certeza de que iria manter contato? E se ela não quis mais ligar? Justo. Passei o dia inteiro surtando, pensando que poderia ter achado o meu amor na balada – calma, gente, não é propaganda da Nokia – e ter perdido logo em seguida. Vinte e quatro horas de tensão e apreensão, até que o sono bateu e a ficha caiu: não era pra ser.

Tem tanta coisa nessa vida que não era pra ser. Eu já falei sobre *timing*, sobre sorte, sobre agarrar oportunidades, mas também acho que muito do que a gente faz, leva, ganha e perde tem influência de algum destino maluco que anula causas e consequências. Podia ter sido o grande amor da minha vida? Podia, mas eu nunca vou saber. Também podia ter sido só uma garota bonita numa festa cheia demais, que se interessou por um cara nada especial parado num canto da sala. Ela podia ser chata, ter um péssimo gosto musical, odiar a minha literatura etc. e tal. São possibilidades. Mas a gente sempre acaba imaginando as possibilidades positivas de uma oportunidade perdida pelo acaso.

Comecei a repensar alguns episódios que já vivenciei e apliquei o mesmo pensamento. A frustração foi passando aos poucos, foi passando enquanto eu pensava que pra tudo na vida a gente tem chances boas e ruins, que possibilidades que vivem no mundo da imaginação nem sempre serão positivas. Isso reduziu meu surto de *stalker*, fazendo-me acordar mais leve e tomar um café com pão na chapa na padaria da esquina. Parei de me culpar tanto, parei de entrar sempre no jogo do "e se...". E se... o quê? Não foi, passou, agora relaxa. Não dá pra voltar no tempo e se martirizar por coisas bobas; definitivamente, não vai fazer com que o telefone dela apareça na minha mesa de trabalho. Nem vai fazer com que um monte de coisas subitamente aconteça. Algumas coisas, mesmo que na hora estivessem ao nosso alcance, não funcionam. *Deal with it*.

A gente acaba se prendendo tanto ao que poderia ter acontecido, que arrasta uma culpa imaginária à toa. E se culpar pelo que não pode ser desfeito é um daqueles errinhos bobos que fazem da gente um pouco mais infeliz num mundo em que a vida já não está fácil. Por isso, levantei da cama e pensei que teria que levar a bola pra frente. Garotas bonitas em festas bacanas existem aos montes. Talvez ela fosse só mais uma. Mas, Daniel, e se ela fosse o amor da sua vida? Ainda acredito que não era ela, que não era pra ser. Por via das dúvidas, comecei a levar um bloco de anotações no bolso. Só por via das dúvidas.

5

NO PONTO

♪ "Can't you see? You belong to me.
How my poor heart aches with every step you take."
(*Every Breath You Take*, The Police.) ♪

Eu passo por você todo dia e você nem repara, sempre com os olhos vidrados na tela do *smartphone*. Acordo mais cedo, corro da academia pra casa, escovo os dentes e confesso que só comecei a passar fio dental de manhã por sua causa. E, ainda assim, passo por você, e nada.

O *Le Monde Diplomatique* já estampou tanta manchete que eu nem lembro mais, mas me lembro do dia em que dormi olhando pra você e perdi o ponto. Sempre me sento de frente ou no banco ao lado – por alguma praga ou azar do diabo, seu lado nunca está vago. Já morri de ciúme de uma loira bonitinha que lia um livro de autoajuda, de uma morena mulherão que não parava de gritar ao telefone, de uma ruiva com cara de princesa que tinha errado o tamanho da calça da academia. Mas você também não reparou nisso. Nem nelas, nem em mim.

Sento sempre na quarta ou na quinta fileira, depende do balanço. Desde que descobri que o destino tinha colocado a gente no mesmo barco, no mesmo dia, no mesmo horário, interpretei como uma profecia ou sinal divino, ou talvez uma previsão solar, como queira. Mesmo assim, você nunca me olha.

Talvez o problema seja com você.

Já decidi a cor do quarto dos meninos e o conjunto que quero comprar pra terceira menina. Já reservei a mesa do jantar em que você me pede em casamento e diz que não vive mais sem mim; falta pouco pra isso, eu sei – pra gente começar, você só precisa levantar a cabeça. Põe os olhos em mim e se apaixona, me ama como eu te amo na última página do caderno, ainda que eu não saiba seu nome. Não sei muita coisa, mas sei que você costuma comer *pretzel* no café da manhã porque fica um pouco de farelo e canela na sua barba. Eu gosto de café quente com creme e canela; se eu te chamar do nada, assim, será que você toparia?

Todos os dias chego no mesmo horário ao ponto de ônibus, desde que te vi pela primeira vez. Você não lembra, mas eu estava com um vestido vermelho e você sorria. Eu tava com pressa e você assobiava uma canção do Roberto: *baby, I love you*. Roteirizei a gente ali direitinho, do ponto de ônibus até sua casa, do baile de formatura do meu curso de Direito até o altar, do seu carro até a minha cama de casal na Zona Sul. Calma, você não tem carro; se tivesse, não pegaria ônibus. Droga, errei na construção da história.

Ah, eu acordo todo dia cansada e desço do ônibus frustrada. Porque cada dia que passa é um dia que você não me enxerga, não me atravessa nem fala oi pra mim. Eu sempre faço isso; é como um ciclo, o tempo todo com esses amores de ponto de ônibus que fazem a gente pensar que nunca viu ninguém tão perfeito, a ponto de caber em nossas histórias de contos de fadas. Tá, tudo bem, eu nem acredito em fadas, mas acredito que eu e você poderíamos dar certo.

Não sei o que falta, juro que não sei. Pra mim, parece que a gente já se conhece há tempos; te reconheceria em qualquer lugar, até pras minhas amigas já falei de você. Elas perguntam o nome, o nome... qual é o nome? Já pensei em tudo, mas te chamo de Menino do Casaco Lavanda. Elas riem, e eu não entendo. Seu nome. Se pelo menos você me dissesse seu nome, talvez a gente pudesse ser um pouquinho mais feliz. Mas nada, nem uma palavra. Daqui a pouco eu te perco na multidão e você muda seus horários. Daqui a pouco eu te dou adeus sem nem ao menos ter chegado. Por favor, meu bem, não me faça desistir de ti.

6

APEGO AO TEXTO

♫

"Sometimes there's things a man cannot know
Gears won't turn and the leaves won't grow."
(*Stay Alive*, José Gonzalez.) ♫

Conheci Stella Florence numa sessão de teatro. Stella, escritora que assina o prefácio deste livro, tornou-se minha amiga pessoal durante um café e algumas histórias de amor e desamor em comum. Trocamos nomes, vimos nossas tatuagens. Quer ver nascer amizade mais verdadeira do que aquela que é talhada a nomes de ex-amores que não deram certo e confissões de por que isso aconteceu?

Assistimos a uma peça com elenco afiado. Falava sobre os demônios da gente, segundo o panfleto. Fui pronto pra deixar os meus sentarem a meu lado e baterem um papo silencioso, enquanto o espetáculo acontecia. No palco, os meus demônios se entenderiam. Confesso que o enredo lido anteriormente, o elenco de primeira, a localização do teatro e a companhia da minha amiga montavam um cenário incontestável que me dava a certeza de que seria um ótimo espetáculo. Foi um fiasco.

A peça era chata, os diálogos arrastados, demônio nenhum saiu da toca porque não houve comoção. Eu e Stella nos perguntamos por que não tinham transformado os elementos da trama em algo incrível, já que tinham tanto material bom nas mãos. A resposta veio quase de modo automático: foi o apego ao texto. Eram tantos elementos bons em volta de um texto ruim que ignoraram o principal: o enredo, a história, a forma de contar, a ligação emocional, o conteúdo, o corpo e a alma do texto. Vestiram-no com acessórios escarlates que brilhavam e chamavam atenção da plateia, mas no fim das contas não passavam de umas palavrinhas confusas soltas no ar. Zero conexão emocional, nenhuma catarse. Por que os artistas se apegavam tanto ao texto? Porque a gente tem esse costume de se apegar ao que parece ouro.

É mais comum do que se imagina, principalmente em relação aos nossos amores. Vemos características cintilantes no outro e já achamos que vai ser material pra Disney fazer o próximo filme. Veneramos a casca do outro, o sorriso, o cabelo liso ondulado cacheado crespo, que combina muito bem com os olhos e faz a gente sorrir, deixando de lado o que ele tem a oferecer. Pesquisamos o signo e vemos que a compatibilidade é enorme, que os gostos musicais são os mesmos, e como é que a gente não se encontrou num show do Caetano ou do Gil antes? Já sei, você tava ouvindo Bethânia enquanto eu ouvia Gal Costa.

Nós pegamos tudo isso e misturamos num caldeirão, rezando pra que o feitiço dê certo, porque os ingredientes são raros. Todos seguem a receita do sucesso, batem com as expectativas, fazem fila pra gente checar a lista do supermercado. E, de repente, é um fracasso. A gente não entende. Por quê? Tava tudo tão certo, tudo tão exato, a fórmula era aquela, o espetáculo parecia tão atraente no folhetim e *fuén*. É o tal do apego ao texto – só que, nesse caso, é apego aos sinais. Detalhamos tanto a trilha que a gente queria seguir, que achamos que preencher os requisitos faria com que ela acontecesse. Mas não é assim; nunca é assim. Falta o componente humano, o emocional, a forma de contar, o conteúdo, o corpo e a alma. Falta enxergar no outro alguma coisa que mexa com a gente e ponha os nossos demônios pra fora – porque amor de verdade faz a gente revirar a casa e botar tudo de cabeça pra baixo, as partes feias e também as ruins. Sem poeira pra baixo do tapete. Amor de verdade não segue receita nenhuma, não funciona de segunda a sexta em horário comercial, não é uma ciência exata. Amor é da área de humanas. E a gente sabe que o forte das humanas é a construção da narrativa.

Assim como os atores da peça chata, a gente se apega aos detalhes errados porque acha que isso vai garantir o sucesso da história. No teatro, eles se apegaram ao texto promissor; a gente se apega às expectativas promissoras. E o resultado disso tudo? Quando fecha a cortina, bate a frustração. Não tem palmas, não tem plateia de pé. Fica um eco vazio...

Mas bola pra frente. A gente vai acabar esperando que a próxima sessão seja mais bem-sucedida, embora isso só vá ser possível se houver desapego do texto e das expectativas.

7

CAFÉ PRA DOIS

♪

"A coffee machine that needs some fixing
In a little cafe just around the bend."
(*Calling You*, Holly Cole. Mas sugiro que você ouça
na versão do Jeff Buckley.) ♪

Tem uma coisa que eu nunca te disse. Não sei ainda, você vai embora.
 Eu ainda não fui.
 Então eu tenho tempo. Te conto.
 Você mudou de ideia por quê?
 Porque tá doendo. Eu acordo todo dia com sentimentos diferentes aqui dentro. No início achei que era só gastrite e saudade de casa, mas a cada dia pesa mais. Me sinto mais pesado, e isso vai se embrenhando, criando umas raízes no peito. A respiração pesa, sabe?
 Sei, sim. Senti isso uma vez, no México.
 Saudade de casa?
 Não, era amor.
 [...]
 Era uma coisa que batia e eu não entendia. Tinha três semanas de México, e conheci um argentino por lá. Eu mal falava espanhol na época, mas ele sorria e eu entendia. Nem lembrava que tinha celular. Entendia quando ele apontava pra dois carros na rua e me dizia que as cores lembravam meus olhos. Entendia quando ele tirava a minha roupa com os dentes e parava pra me olhar, suspirava fundo e desabava em cima de mim. Entendia porque dava pra sentir o peito dele e as bochechas quentes no silêncio. Eu o lia, e ele me entendia.
 E você chama de três semanas de amor?
 Talvez amar dispense cronômetros.

Talvez seja só gastrite mesmo o que eu sinto. Mas, depois de te ouvir falar de outro, bateu uma pontada aqui. A ironia é engraçada e o teu desprendimento também. Não passa pela tua cabeça que você pode me machucar quando fala deles? Passado ou presente, eu sei que é sua vida e que eu tô vivendo isso sozinho. Mas por que não eu?

O que você quer que eu faça? Que eu pegue, agradeça e diga que eu sinto o mesmo?

Se sentir...

Deixa eu te explicar uma coisa. Eu tô indo embora do país sem data de volta. Largando a minha vida, tentando entender essa coisa toda de viver sem mim, começar do zero de muito longe. Não é trocar uma cidade pela outra, não é dar um pulo em São Paulo quando se está no Rio. Eu tô desistindo de mim aqui pra ir atrás de alguma coisa. Eu não quero partir de coração partido, com o coração pesado enrolado na etiqueta da minha mala, identificando mais alguém que eu deixei por aqui. Não quero, e por isso mesmo é que não dá.

E o que você sente?

Por você?

É, por mim.

Eu sinto que você ainda tem muito o que aprender e que vai crescer muito. Daqui a alguns anos, você vai ser ainda mais incrível, ainda mais irresistível; vai tirar essa presunção que aparece no canto da boca, essa arrogância de mentirinha do rosto, pra ver o mundo com outros olhos. Você vai se importar menos, vai viver mais, trocar alguns valores, e sorte de quem te encontrar. Sorte de quem conseguir conquistar o cara que você vai ser. Porque você é apaixonante; só chegou no momento errado da minha vida.

Mas eu valorizo o encontro.

Eu também.

Todos os encontros deveriam ser celebrados. Quer café?

Um *mocha*, por favor.

Eu quero um *espresso*.

Com açúcar ou adoçante?

Com você.

Eu não posso ser doce agora.

Eu aceito que você seja amargo. Só preciso sentir.

Eu gosto de você. Gosto do que você faz comigo. Gosto de rir com você. Mas eu tô indo embora e tem tanta gente na minha vida também. Talvez, se essa gente passasse e você ficasse, talvez a gente pudesse ser feliz.

Sabe que machuca pra cacete quando tu me diz que tem mais gente? Porque eu vejo que não sou eu, que não sou eu quem vai ficar. E continuo sentindo o que, pra mim, era gastrite, mas não é. Sigo sentindo uma mão pesada pressionando o meu peito e cortando a respiração. Eu tenho sido ofegante todos os dias. Todos os dias, eu subo ladeira, desço ladeira, mesmo deitado na cama. A sensação é a mesma. E me bate uma vontade de despejar tudo em você, pra ver se você sente. Mas eu tô sozinho nessa, sempre tô, até neste café.

Eu tô aqui. Você pediu café pra dois.

E me sinto sozinho do mesmo jeito, tomando um café pra dois.

E se... me conta o que você sente. Me conta?

Conto. Eu sinto que poderia ter sido. Ou que poderia não ter sido também. Nunca vou saber, mas eu sinto. Angústia, medo, prazer, alívio; já tomei Rivotril e não resolveu. Tomo floral pra dormir desde que te conheci. Contrasto com a cafeína e a nicotina. Durmo que nem pedra depois das quatro da manhã, pra acordar três horas depois. Minhas olheiras te denunciam.

[...]

Mas eu sei o que eu sinto. Acho que senti isso uma outra vez na vida, em Guarulhos. Eu indo e você voltando. Eu dizendo que não podia ficar pra tirar sua roupa com os dentes, mas colei no seu corpo com um abraço. Eu apontava o céu cinza e te dizia que aquilo me lembrava a gente. A gente falava a mesma língua e mal se entendia. Mas você ria. Então tava tudo bem.

Então o que você sentiu foi frustração? Por minha causa?

Não, foi amor.

8

NÃO FOI TEMPO PERDIDO

"Temos nosso próprio tempo.
Não tenho medo do escuro,
Mas deixe as luzes acesas agora."

(*Tempo perdido*, Legião Urbana. Sugiro a versão do Tiago Iorc.)

Uma das manias mais dolorosas que a gente tem é de sempre renunciar a uma história inteira por conta da forma como ela acaba. Vejo muito disso, já fiz muito disso. Essa coisa de jogar fora tudo o que foi vivido, escrito, sentido por alguém, só porque o fim foi desastroso. Ouço muito disso vindo de amigos próximos falando sobre ex recentes (ou nem tão recentes assim). A bola da vez foi a ex-namorada do meu melhor amigo, papo de seis anos de namoro, coisa linda, ninguém entendeu como pôde ter acabado. O bonitão disse que tinha que tirar o atraso de vida, já que tinha perdido seis anos sem conhecer o mundo. Seis anos de tempo perdido. Mas por quê?

Nunca é tempo perdido, nunca vai ser. Tempo perdido é tempo não aproveitado, é aquela coisa de fazer nada, produzir nada, sentir nada. E isso tudo depende muito. Até um dia inteiro de sono pode não ter sido tempo perdido se você precisava mesmo ter descansado depois de alguns dias estressantes. Um amor nunca é tempo perdido, por pior que ele tenha sido. É experiência, é história escrita. Não importa quanta raiva ou amargura você sinta; não importa se dói muito em você ainda e tudo o que você sente vontade de fazer agora é rebaixá-lo a zero, para tirar a importância dele. Amor nenhum é lixo.

    Parece muito que a ideia de tempo perdido vem da noção de ter perdido o mundo lá fora. Ora, tudo não terás, já dizia um sábio amigo meu. Nossa geração tem a percepção de que precisa abraçar o mundo inteiro o tempo todo, coisa que é impossível. Precisamos escolher, e sua escolha foi amar, foi deitar no peito de alguém, foi dividir o cotidiano numa ligação de fim de dia. Sua escolha foi acompanhar alguém e ficar de mãos-dadas, foi atravessar a rua sorrindo na direção de alguma avenida desconhecida. Sua escolha foi por ele, ou por ela, e não pelos outros. Não foi tempo perdido, cara, foi amor. Acabou, mas você pode reconhecer que cresceu pra caramba, entendeu com profundidade o mundo de outra pessoa, deixou alguém entrar na sua casa e conhecer cada parte de você, partes que ninguém mais conhece. Esse tempo todo foi de descoberta, tanto do outro quanto do mundo. Você enxergou o mundo com outros olhos, criou hábitos e raízes, contou a sua história de vida de outra maneira. Não foi perda, foi aproveitamento.

    Parei de fazer isso com meus amores passados porque percebia que era um modo de rejeitar tudo o que aconteceu anteriormente. Toda gente que já passou, por mais rápido que fosse, deixou alguma coisa comigo. Deixou e construiu, marcou, rasgou a pele ou fez carinho no meu cabelo. Não tenho por que dizer que não, que nunca foram importantes, que foi só um jeito de perder tempo. Todos me deram algo em troca do tempo. E fico muito triste quando vejo alguém dizer que desperdiçou tempo, dinheiro e vida em um relacionamento. Não importa como tenha acabado, não importam as feridas, em algum momento desse tempo todo, ele (a) foi o amor da sua vida, ou pelo menos o amor que você precisava ter ali. Se foi amor, não foi desperdício, certo? E também não foi tempo perdido.

9

A GENTE SE VÊ

"Why don't you say the things
That you said to me yesterday?"

(*Say My Name*, Destiny's Child.
Mas sugiro que você ouça a versão do Flearoy.)

Cruzo a soleira da porta e ela fala que a gente se vê.

Nada mais carioca do que "a gente se vê". Se você nasceu no Rio de Janeiro, visitou o lugar ou viveu por lá, sabe do que eu tô falando. É aquela promessa jogada no ar pra dar continuidade sem compromisso, algo que no fundo quer dizer mesmo é que a gente não vai se ver nunca mais.

Todo carioca já fez isso algum dia na vida. Pros amigos da faculdade que a gente encontra repentinamente no calçadão de Copacabana e não sabe o que dizer: a gente se vê. Pra ex-namorada que esbarra com a gente na porta do shopping: a gente se vê. Para aquele semiconhecido que senta do nosso lado no ônibus (e que nos obriga a descer pontos antes para evitar o silêncio constrangedor): a gente se vê. Pode ter certeza de que você não vai mais vê-los; aliás, vai evitá-los até não poder mais, como se fugisse da promessa como o diabo foge da cruz.

"A gente se vê" decreta uma maldição irreparável; dá chá de sumiço em quem fala e em quem concorda. Ambos desaparecem como num passe de mágica, e CSI nenhum conseguiria descobrir a causa. É como se fossem tragados por uma fenda aberta no espaço-tempo e *ploft*, sumiram. É o lado cômico do desaparecimento. Às vezes nem é planejado, às vezes calha de você querer mesmo encontrar a tal pessoa, mas não se lembrar dela. Afinal de contas, se é preciso um esbarrão do acaso pra fazer você se encontrar com ela, essa pessoa não deve estar na sua Lista de Prioridades de Pessoas Que Planejo Ver, não é?

O lado trágico da sentença é quando ela vem acompanhada do corredor da morte pra esperança. Você, assim como eu, cruza a soleira da porta e ouve que "a gente se vê". No mesmo momento, aquela noite agradável com sorrisinho de canto de boca desmancha, o rosto cora, o papo é inundado por um silêncio constrangedor que o outro não entende, e você se apressa pra fechar a porta. Suspira. Sabe que não vai mais ver a pessoa, não sabe? Porque eu sei que ela pode até não ter planejado, mas, depois daquela lua no Arpoador, ela não vai voltar mais. Se pretendesse mesmo voltar, teria aberto agenda com data e hora no celular e combinado na quinta ou no sábado. Teria falado sobre os planos da semana ou do mês, ou teria contado que a sobremesa preferida dela é musse de maracujá. E ele fez o mesmo. "A gente se vê."

Quem quer a gente estende o papo, leva o assunto pro mar, não chama só pra caminhar na orla. Quem quer a gente faz pausas e deixa o final em aberto, pra ter diálogo quando chegar em casa. Quem quer a gente pede pra avisar quando chegar ou diz que liga pra desejar boa-noite antes de dormir. Quem quer a gente usa a primeira pessoa do singular e diz assim: "eu vou te ver", não importa se vai ter que ser rapidinho, entre uma reunião e outra, ou se a gente consegue marcar de almoçar na quinta. Quem quer a gente insiste em coisas menos abstratas e menos vagas; não deixa no ar. Quem quer a gente não decreta o fim dizendo que a gente se vê.

"A gente se vê" é o fim trágico de uma história que podia ter começado bem e se mantido assim, mas você sabe que não, afinal de contas, nem precisa ter nascido, visitado ou vivido no Rio pra saber que o mundo tá cheio de "cariocas" por aí.

10

DE REPENTE

♫ "Raise my hands
Paint my spirit gold
And bow my head
Keep my heart slow."
(*I Will Wait*, Mumford and Sons.) ♫

— Tá, mas começa do início... Isso foi do nada? De repente, você olhou pra mim e percebeu que as outras pessoas tinham se tornado desinteressantes? Ou essa é só mais uma das suas crises de orgulho ferido, amor ferido, ou como quer que você queira chamar?

— Você nunca sentiu isso? Aquele estalo que dá quando você começa a enxergar alguém de um modo completamente diferente? É meio que assim... Num dia desses, eu tava do teu lado na aula de inglês. Aquele babaca que sempre vem te cantar tentou fazer isso pela décima vez, só esta semana. Ele disse que trocaria um jogo de futebol por você – na tentativa de ser fofo. Você riu e dispensou. Quando você virou pro lado, eu disse que pararia por você.

— Eu sei, eu me lembro disso. E você me surpreendeu. Quer dizer, não é como se a gente nunca tivesse tido nada. Mas você sempre foi aquele meu amigo colorido... Achei que sempre tivesse sido assim. Quando a gente tinha nada pra fazer, a gente ficava junto. Temporariamente. Até você soltar a minha mão ou me ligar contando sobre uma dessas meninas que vão partir o seu coração em duas semanas.

— Ou até você contar de novo como é o homem dos seus sonhos, e eu reconhecer, mais uma vez, que não me encaixo no seu arquétipo ideal. Mas isso não me importou muito. De repente, eu olhei pro lado e vi que sentia ciúme de você. Eu já não gostava muito desses caras durões com quem você saía, e passei a odiar cada um deles por te chamarem pro cinema no meio da tarde. Eu me vi num daqueles jogos de resta um – você podia ser a companhia de qualquer um deles, mas eu sempre ficaria sozinho. Não ser o tal cara da sua vida era penoso, mesmo que fosse na minha cabeça...

– E por que você decidiu contar isso agora? Eu nunca teria dito que a nossa amizade acabaria por conta disso. Quer dizer... Eu te acho atraente e tal. Mas eu nunca tive esse tal estalo que põe todas as coisas do avesso e me mostra que estou apaixonada pelo meu melhor amigo. Eu tenho ciúme de você – e já fui apaixonada por você –, mas pra mim era coisa boba. Dessas que a gente ri junto nas comédias românticas de sexta-feira à noite. Mas diz: por que isso agora?

– É que meu pai passou o dia inteiro me enchendo o saco sobre as coisas depois da formatura. E depois da formatura eu devo me mudar. Pra outro país, pra fechar a especialização, e, provavelmente, a gente não vai se ver mais. Foi a coisa que mais me doeu de primeira. Eu não pensei na família, nem nos amigos. Pensei que não podia te deixar aqui sozinha e em como eu ia me virar sem você por perto. Pensei em como todos os outros caras tentariam chegar em você, e alguns até conseguiriam. E eu também pensei que continuaria escrevendo umas cartas e uns textos sobre algumas garotas, e você não saberia que são todos sobre você. Pensei sobre quem te empurraria no balanço, e sobre quem dividiria o *brownie* com sorvete de creme contigo. Pensei nos seus gatos, e em como ia ser se você arrumasse alguém que não tem alergia perto deles. Quem vai espirrar e te fazer rir ao mesmo tempo? Pensei sobre todas aquelas coisas que são só nossas e em como esse estalo se transformou numa britadeira na minha cabeça. É meio que a sua voz gritando na minha cabeça: "Ei, escuta aqui, se não for você, quem é que vai me fazer feliz?".

— Humm... E por que essa franqueza toda agora, quando não dá mais tempo de remediar a situação? Você vai, e eu vou ficar aqui. Provavelmente, vou sentir sua falta, e talvez até tenha o tal estalo. Sabe, acho que a gente não deu sorte. Porque essas coisas de amor são meio que sorte combinada com disponibilidade e a pessoa certa. Eu já senti que você era a minha pessoa certa, mas tinha um medo danado de perder o meu porto seguro. Então, eu me obriguei a te ver como meu melhor amigo, alguém neutro, e a engolir todas aquelas mulheres que nunca foram feitas pra você. Eu meio que sabia que você precisava de mim, e isso me confortava. Você nunca soube assar um bolo, nem fazer brigadeiro de panela. Você sempre me sujava toda, e eu sabia que era pretexto pra me agarrar na cozinha. Só que a gente sempre deixa pra lá quando acha que é coisa da nossa cabeça. A gente podia ter dado tão certo... Quer dizer, eu tentaria por você. Eu também pararia, e quem sabe os nossos pais tivessem razão em dizer que a gente nunca encontrou alguém que coubesse na gente porque a gente já tinha se encontrado? Quem sabe a nossa risada histérica fosse só uma confissão do nervosismo que a gente sentia por estar com o outro? E, com certeza, os meus inúmeros "ela não presta" tinham uma pontada de despeito. Eu queria mesmo era dizer que eu prestava.

— O que a gente vai fazer sem ter o outro ali, nem que seja pra tentar e ver se a gente se enganou dessa vez também? Eu não sei se ir embora é a minha melhor opção, mas por você eu fico. Fico até você ter o tal estalo e desconstruir a imagem de um lorde inglês como seu cara perfeito. Eu fico e espero até você perceber que o meu jeito abobalhado de quem se molha todo só pra não te deixar ficar resfriada na chuva é o jeito certo. E que a gente tem essa sintonia deliciosa que nenhum de nós dois sabe explicar. Você sempre fez parte do meu plano, mas, de repente, eu me vi obrigado a ir embora. E foi por isso que trouxe tudo isso à tona...

– De repente, isso é bom. Talvez a gente sinta saudade e eu largue as coisas pra ir atrás de você. Quem sabe eu não consiga me livrar desse meu jeito meio travado e cabeça-dura de achar que você é só um menino angustiado, e que eu exerço mais o papel de mãe do que de mulher pra você.

– De repente, você vai sentir saudade e me ver como o tal herói. Sem superpoderes ou algo do tipo, mas alguém em quem você pode deitar a cabeça no ombro sem julgamentos. Um idiota que vai lamber as suas lágrimas – e não adianta sentir nojinho disso – e que vai fazer mil palhaçadas pra te ver sorrindo, mesmo que seja por uma fração de segundo...

– E agora não vai ser mais? A gente vai deixar o nosso final em aberto e abrir mão das tentativas?

– De repente... é o melhor a se fazer. Imaginar o que podia ter sido e conviver com o que não é. De repente, não era pra ser. Ou era, e a gente não viu.

11

CAUSA MORTIS

"I'm not sorry I met you
I'm not sorry it's over."
(*Your Ex-lover Is Dead*, Stars.)

Você morreu quando eu peguei o telefone, já eram 22h56, todo mundo já tinha ligado e eu nem podia ter esperado até tão tarde porque, bem, eu acordo muito cedo amanhã, mas nunca era tarde pra você, mas você não ligou, não mandou mensagem, não me desejou nada, nem me desejou mais. Você morreu quando eu passei perto de algumas quadras da sua rua, entrei na confeitaria da avenida Angélica, comprei *brownie* com sorvete e comi sozinho.

Você morreu quando não queria mais companhia. Quando não era mais meu.

Você morreu quando a sua mãe me disse que as coisas são assim mesmo, num dia a gente ama, num dia a gente não se fala mais, no outro eu não sei mais quem você é, e você passa do outro lado da rua pra fingir que você nunca me conheceu tocou beijou brincou mexeu no meu nariz porque tava frio, e eu ainda não acredito que você atravessou e virou virou virou virou, continua virando pro outro lado, levando a vida em uma outra direção.

Você morreu nos sábados à tarde, quando a gente lembra de quem ama pra andar no parque. Quando eu corri dez quilômetros sem música alguma tocando no meu iPod.

Você morreu quando eu voltei de viagem, quando me disseram que eu tava muito bem, quando eu percebi que não tinha te levado na bagagem. Morreu quando não me incomodava mais falar seu nome e sobrenome, quando as memórias começaram a ficar difusas e eu já não sabia mais se tinha sido em abril ou maio, na Páscoa ou no Natal do ano passado; não lembrava mais daqueles detalhes que me faziam lembrar de mim.

É uma pena, amor. Eu não queria, a gente nunca quer; a gente quer contar uma história bonita; acredita em mim, acredita nisso. A gente quer o diferencial do sonho que deu certo, mesmo com todas as dificuldades, mesmo com as coisas que a gente atira no outro feito navalha no dia a dia. No fim das contas, a gente quer abraçar e dizer que vai dar tudo certo e que deu tudo certo e que foi só uma fase, mas quantas fases iguais a essa a gente passa até passar de vez? Eu teria aguentado mais um pouco; sempre aguento, sempre lembro a primeira vez em que disse que seria um prazer te conhecer. Sempre lembro? Agora eu já não me lembro mais.

Você morreu quando me deu dois remos e disse que eu podia seguir sozinha porque você não se importava. Minto, você não disse. Mas nem precisava. Tava estampado na sua cara, na sua camiseta, no recado de te ligo mais tarde, nunca ligou. Morreu quando eu corri na chuva e abri um sorriso, e você tinha que ver como eu estava feliz, como eu era feliz, como eu queria chegar logo em casa e te contar e... Nada. Não tinha você lá, não vai ter mais. Porque você morreu aqui dentro e, quando se morre dentro da gente, não adianta foto, telefonema, *post-it*, flores, cartões, viaja comigo?, eu pisei na bola, eu ainda te amo, eu não fiz por mal – nada disso existe. O que existe é um espaço vazio de alguém que não vive mais em mim.

12

EU NÃO QUERO UM AMOR DE CINEMA

*"If it wasn't for you, I'd be alone
If it wasn't for you, I'd be on my own."*
(*Don't Wait*, Mapei.)

Não quero um amor desses que precisa cruzar a esquina, indo embora, pra eu ameaçar gritar que amo, que errei, que o quero aqui dentro de casa sentando à mesa comigo. Quero um amor de altos e baixos, sentado ou deitado, com afeto e cuidado, de segunda a segunda, mesmo nos dias que a gente tire folga da gente. Quero um amor que não precise esperar pra ser amor.

Não quero um amor exibido, de tela grande, explicando cada pedaço de uma trajetória coerente pra milhares de pessoas que nada têm a ver com a gente. Quero um amor minimalista, que acontece na sala, na padaria, no quarto, nas primeiras mensagens, e, de repente, você apareceu aqui, nasceu na minha cama como se nunca tivesse nascido em outro lugar antes, como se a história já começasse do meio e a gente já começasse se amando.

Não quero um amor que dure só noventa minutos nem quero créditos finais rápidos. Quero um amor que se desenvolva no ritmo de uma trilha sonora escolhida com mãos inquietas, que passeiam por coxas, abrem zíperes, fazem estrago em cachos, segurem com força pra não deixar vendaval nenhum levar a gente pra longe.

Não quero um amor que precise de pipoca nem que dê sono. Quero escolher o cardápio e poder comer arroz com feijão ou estrogonofe, poder beber cerveja quente ou um vinho do Porto, um amor que pode ser aqui em casa ou na sua e, não importando a opção, espero que me devore (e que eu te devore também).

Não quero um amor que exija traje ou perfume. Quero um amor cru, com cheiro de pele e bastante suor, com saliva pelo corpo todo, pra eu me sentir mais gente. Quero unhas e carne, entranhas expostas, nada de gemido abafado. Quero que você fale o que vier à mente, e, o que quiser esconder de mim, tudo bem, eu respeito os teus segredos. Um dia você se conforta e se abre, me abre, conta comigo e conta pra mim. Que amor tem disso de esconde-esconde até não conseguir esconder mais nada.

Não quero um amor de gênero definido, romance ou comédia, nah, prefiro escrever nossa própria ficção. Que é pra te deixar ser vilã-mocinha ou nada disso, porque todo mundo tem um lado bom e um lado mau; ninguém é cruel o tempo todo, ninguém sustenta santidade. Se sustentasse, eu já teria ido embora, mas com você eu fico e declaro que hoje o seu filme sou eu. Faço o roteiro no seu quadril e você me diz que não gosta de *script* rodado. Eu sei, meu bem, por isso é que a gente não tem direção nem câmera rodando. É ensaio livre.

Não quero um amor com fim definido. Por que é que a gente não pode deixar o fim pra lá e continuar uma história com 365 ou quantos dias quisermos? Quero que seja, quero que esteja, quero um amor pra dormir do teu lado e bocejar, desgrenhar o cabelo, acordar com remela e beijar mesmo assim – toda aquela parte que o cinema não mostra. Quero você na tela pequena do quarto, nos bastidores do banheiro, enquanto passa maquiagem e te borro de propósito só pra te atrasar mais um pouco. Quero tanto, que nem ligo se a gente não for sucesso de crítica ou se não pegar o bonequinho de ouro no domingo. Eu só ligo pra você e desligo a TV quando quero me desligar do mundo. Eu quero um amor como o nosso, que acontece mesmo sem encenação, sem bilheteria de sucesso; que passa em lugar nenhum, a não ser dentro da gente. Eu quero.

13

APROVEITE O SILÊNCIO

♪ "When my eyes were stabbed
By the flash of a neon light
That split the night
And touched the sound of silence." ♪
(*The Sound of Silence*, Simon & Garfunkel.
Mas recomendo a versão da Nouela.)

Uma das frases mais marcantes do cinema pra mim é de *Pulp Fiction*, do Tarantino. A cena da lanchonete em que Uma Thurman diz a John Travolta que "você sabe que encontrou alguém realmente especial quando pode calar a boca por um minuto e compartilhar confortavelmente o silêncio". Se você não viu o filme, recomendo que o veja. Se nunca teve essa sensação de silêncio confortável, recomendo que continue lendo.

    O silêncio faz um estrondo horrível quando a gente não sabe o que dizer. Percebi isso muito novo, lá pelos catorze anos, quando dividi o fone de ouvido com o primeiro amor da minha vida. Lembro até hoje que ameaçava chover com uns pingos chatos e uma garoazinha de inverno no Rio de Janeiro. Tocava *Simple Plan*, uma daquelas canções profundamente tristes, e a gente passou a música inteira lado a lado, unidos por um fone de ouvido. A música acabou, e a gente também. Nós acabamos ali, naqueles três minutos sem dizer nada, quando ambos percebemos que o silêncio incomodava pra cacete.

    Percebi que amor nenhum dá certo quando a gente precisa se esforçar pra fazer acontecer a mágica. Percebi ali, naquele momento, que eu não conseguiria dividir nenhum silêncio confortável, e que o silêncio machucava, arranhava, devorava a gente com sorrisos amarelos e o desejo de que o tempo passasse logo. Nem era falta de assunto, porque isso a gente tinha. O problema mesmo era sustentar a gente sem precisar de tópicos e risadas e falas engraçadas e ganchos programados pra ter resposta. Ali, puramente despidos, a gente usava capa. E se escondia de vergonha um do outro.

Mais tarde, a coisa se repetiria. Meu teste de fogo era suportar o silêncio sem desviar o olhar, sem coração acelerado no meio do abraço, sem pensar que tava jogando tudo pro alto porque não sabia o que falar. Você percebe – a gente sempre percebe, seja no início ou no momento em que tudo acaba – que, se for preciso se esforçar pra fazer fluir, é porque não flui naturalmente; se a gente precisa falar e botar palavras e símbolos, e comentar algo, e não consegue suportar a presença do outro sem nada no meio, é porque acabou, já foi, fim.

Você entende que o silêncio diz mais que a declaração na pele que você fez, diz mais que aquela carta manjada que você ensaiou escrever. Percebe no olhar do outro, no movimento das mãos inquietas; percebe em como o outro desvia de você. O silêncio baixa as vozes e aumenta o ritmo acelerado, a respiração ofegante; mostra quando é euforia ou quando é fuga. E você sabe muito bem quando deve ser euforia e quando os dois estão no mesmo ritmo, corpo a corpo, coisa de pele, com direito a suor e saliva. O silêncio salienta o prazer nesses casos. Em outros, ele evidencia a falta. A falta de afeto, de química, de prazer, te fazendo pensar: "o que a gente tá fazendo aqui, amor, gastando o resto das nossas vidas num silêncio que tortura?".

Se o silêncio incomoda, sinto dizer, mas talvez você não tenha encontrado a tal pessoa especial. Porque suportar o silêncio, o vazio, o esboço do nada, e se sentir em paz pela companhia, é sinal de cuidado, de que você se sente seguro. Se tiver que cair, que seja pra dentro de quem te olha, não pra fora. Se o silêncio não te arrasta, talvez você tenha dado a sorte de conseguir um amor que não o deixe no meio de um silêncio desconfortável.

Lembre-se disso: no fim, saem as cascas e o diálogo, os assuntos do dia e os retalhos. Ficam os gestos, as mãos livres, o peito aberto, e alguém apaga a luz. É nessa hora que você sente se deve partir ou se consegue ficar.

No fim do dia, quando tudo tiver ido embora, só vai restar o som do silêncio.

14

TEU

♪ *"Gostar de ver você sorrir*
Gastar das horas pra te ver dormir
Enquanto o mundo roda em vão."

(*Vermelho*, Vanessa da Mata.) ♪

Teus beijos ligeiros que me sobem pelo pescoço descansam um poema ou outro no meu colo, me beijam des-nor-te-a-do em sílabas e jeitos, me pegam certeiros no canto em que foram dados. Teu gosto, sabor, divindade ou sei lá o quê que se mistura comigo e deixa marcado um susto confuso que ainda não descobri se é tempero ou se é de mim; se te encontro no céu da boca ou deixo o descontrole me guiar pelo paladar. Teus beijos que são coloridos em um vermelho-batom, num tom que eu não sei qual é.

Teus beijos são meus e se desfazem.

Você se desfaz numa dança mundana e me confessa que, se existe limbo, a gente tá nele, numa fala suave que dança, numa corda bamba de concreto, e me chama pra subir contigo. Me conta que a vida é uma escola que eu não quis cursar, me afoga num clichê sem boias e me fala sobre amor; me ama, me entrega a tua rara capacidade de me envolver sem os braços e responde que a cor dos meus beijos também é bonita. Os teus sussurros têm sabores, os teus olhares estacam entre as coxas, as pernas; me despem, me pedem, me mostram que a gente tá aqui pra ser humano, mundano, que eu peco – você também?, então tá certo.

Teus gestos se refazem, e eu já me entrego.

Retrocede essa cena no meu mundo imaginário, que espanta a lembrança dos teus lábios durante a semana, nas aulas todas, professor me chama, eu contrario, contorço, mas não os lábios teus; contorço as palavras e me remexo procurando um relógio pra cortar os ponteiros, cortar as horas, viver numa eternidade resumida em doze badaladas pra me encontrar no teu batom vermelho. E me voltam as sensações do travesseiro em que recostei as costas enquanto chovia, das janelas entreabertas e do som dos carros, que mal sabiam da gente, mal sabiam do mundo florescendo, da nova fauna e flora que a gente criava, do espaço limitado dos seus trinta metros quadrados, da pintura na pele com suor e saliva, dos teus jeitos, também vermelhos. Me chama, não ouço, pois não, é pra já; te desmancho, mas não quero, tento segurar a ponta do pensamento e me ouriço; já vou indo, o sinal abriu, desperto do tempo e do espaço, quando te encontro em aquarela de novo?

 Teu corpo me pinta, e eu repito a cena de um dia inteiro.

 Sempre acabo pensando em como seria se eu também fosse vermelho.

15

O MUNDO É FEITO DE ESTRANHOS

"They come alone and in couples
And their forms are different."
(*Lovers Are in Trouble*, Beeshop.)

Mamãe sempre me disse que era terminantemente proibido conversar com estranhos em qualquer lugar ao qual fosse, sob pena de morrer envenenado, com uma bala mortífera, ou de acordar numa banheira sem órgãos por conta de uma tentativa bem-sucedida de sequestro. Sei que o conselho parece plausível, principalmente para crianças, mas ele deve ser jogado no lixo logo mais, quando a gente atinge a maturidade. Por quê?

Nesse mundo, todo mundo é estranho até que você o conheça. Até que o primeiro nome lhe seja apresentado num aperto de mãos, e o mundo inteiro do outro seja aberto a você.

Esqueça o conselho. Pense nos seus encontros: todos foram com desconhecidos. Estranhos sem passado, pessoas que contaram uma história atraente ou que lhe deram um simples esbarrão numa festa. O mundo é feito de pessoas que não se conhecem num instante e no outro dividem a vida. De pessoas que desenvolvem uma espécie de dependência emocional em relação à outra, ou algo mais bonito, como um laço fraterno, em questão de dias. E, se você pensar bem, nenhuma conexão seria possível se você tivesse ouvido sua mãe.

Por outro lado, depois de algum tempo, você pode perceber que realmente não conhece quem achava que era de casa. Desconhecidos podem permanecer com esse *status* por mais tempo do que você imagina; você não acreditaria se eu te contasse como é difícil penetrar em alguns mundos de gente que usa escudo, de gente que cria um País das Maravilhas pra gente visitar, mas na verdade mora na Terra do Nunca. Gente que, por medo, receio ou farsa, ou qualquer motivo que seja, não te deixa desbravar seu país. E essa gente acha que um nome basta. Prazer, sou fulano. Prazer, é tudo mentira.

Numa hora você desconfia até de você mesmo. Será que você se conhece tão bem assim, ou o espelho mente e quem fala e age e estuda e trabalha e vive por você é alguém aí dentro que nunca saiu, que nunca conheceu o mundo ou deixou alguém resgatá-lo do abrigo? Estranhos, às vezes, precisam ir embora pra entender que viveram o tempo todo com essa sensação de exclusão porque nunca de fato se conheceram.

Se você reparar bem nas ruas, em toda a multidão, os rostos que você não conhece, um dia, poderão fazer parte do seu mundo. São todos estranhos procurando uma chance pra deixarem de ser, pra tomarem função e papel na vida de alguém, às vezes até na própria. São rostos que se disfarçam, mas contam histórias que você nem imagina que seriam possíveis de se vivenciar. Encontros, nesse caso, são celebrações da vida. São o grande brinde da mudança dos caminhos: a partir do momento em que dois estranhos se encontram, eles passam a ser outra coisa. Deixam a multidão e habitam cafés, restaurantes, carros, casas, todos em busca de abrigo. Nós, os estranhos, só queremos deixar esse vício de anda-pra-lá-anda-pra-cá, para finalmente conhecer alguém que nos dê nome.

16

DE LUA

♪

"I've been drawing the line and watching it fall
You've been closing me in, closing the space in my heart."

(*The Pieces Don't Fit Anymore*, James Morrison.)

♪

Você fuma? Diz que fuma, por favor. Eu tenho alergia. Tô tentando te estragar um pouco aqui antes de entrar nessa de cabeça. Exijo umas falhas tuas pra botar a insegurança em jogo. Quem sabe eu até desista antes de tentar? Mas você não tem cara de tragar todas essas substâncias garganta adentro. Tem cara de quem engole o choro. Destemida. Queria que você temesse tanto alguma coisa que fosse mais real perto de mim. Calma lá! Não é medo de comparação. Deve ter alguma aversão bacana que te faz pior que as outras pessoas. Se não tiver, eu invento, sei lá. Tô precisando mesmo achar alguma coisa estranha em alguma boa pessoa pra poder me projetar de novo nela.

Quero planejar um campo minado de pequenas explosões tuas pra eu já ir preparando o meu peito pra aguentar a angústia de um grande amor perdido. Pra dizer que eu já sabia desde o início e que o meu pé atrás tava ali pra me avisar que cair de cabeça é o mesmo que se afundar. Coração em carne viva. Fratura exposta da fragilidade. Fica em cima do muro e não olha pra baixo de jeito nenhum. Porque eu vou ter mais medo de dar de cara contigo – se o olhar for sincero – do que de cair de alguma altura qualquer.

Me diz o teu signo que eu vejo se a gente combina ou não. Vai ser papo pro primeiro encontro e pra primeira discussão. Na banca de jornais, um aviso sobre mim no seu horóscopo: ele é de lua, moça. Cuidado com a natureza contraditória do sentimento dele. Ele diz que quer ir embora enquanto grita com os olhos que ficaria por você. Mas tem um medo danado de admitir isso pra si mesmo. Rei da autossabotagem, moça. É bonito pra literatura e preocupante pra encontros marcados com datas regulares em dias úteis. Ele é de lua e vai inventar um monte de motivos pra cada fase dele – e pra não ter que encarar que gosta mesmo de você. Vai reinventar os astros pra justificar que não era pra ser.

Talvez não desse pra ser mesmo.

Talvez fosse destino.

Talvez eu só seja de lua. E não queira admitir o meu pavor em me ver feliz com você. Numa rua movimentada. Cobrindo o rosto com as mãos pra espantar o rubor. Querendo congelar aquele momento pra viver nele pra sempre. Ignorando todo e qualquer defeito – real ou inventado – que se projetasse na minha frente...

Mas diz: cê fuma?

17

VOCÊ TAMBÉM VAI SER TROUXA UM DIA

♪ "It's your heart, it's alive
It's pumping blood
And the whole wide world is whistling."
(*Pumpin Blood*, NONONO.) ♫

Você ri do jeito como eu me atrapalho pra pegar o telefone e quase derrubo o café na camisa social. Ri porque não entende o imediatismo, não entende que tem que ser já e tem que ser agora.

    Você me pergunta se eu li os jornais dessa semana, porque eu não falo de outro assunto a não ser ela. Faço títulos, leio matérias, descrevo artigos minuciosos e jogo o nome dela no assunto a cada vinte palavras. Li os jornais e agora entendo melhor o mundo, as manchetes, o jornaleiro e toda aquela gente.

    Você brinca que eu desaprendi o caminho de casa porque rumo pra casa dela todo fim de dia. Nem GPS me daria jeito, você acusa. Acusa porque não passeou os dedos pelas curvas dela, não aprendeu a ler as placas e os jeitos, e os modos e aquela coisa toda que envolve ser recebido em casa com um sorriso no rosto e o coração na mão.

    Você me fala que os meus planos são furados e que eu nem sei o que vai ser dela amanhã, mas como eu poderia imaginar um futuro sem ela? Se a gente não imagina um futuro é porque o barco já tá furado, Capitão. Imagino futuro e imagino o mundo e imagino os detalhes de cada viagem que a gente ainda vai fazer. Imagino os papos sobre tarô e astrologia, sobre os santos e magia, sobre músicas que eu não conheço, mas vou ouvir e vou gostar. Os papos sobre arte e academia, sobre violão e poesia, sobre todas as coisas que ela vai me fazer conhecer. Pra você os meus planos são furados, eu sou descompensado, mas pra ela faz todo o sentido.

    Você reclama dos cancelamentos e do jogo de sábado que eu furei, mesmo tendo avisado antes que a cama me puxava pra ela. Me desculpa, cara, mas eu não sei se vai durar pra sempre, então aproveito enquanto dura pra falar sobre os lábios e a pele e os cabelos e o projeto dela de morar fora e ajudar crianças na África e eu vou junto, prometo, amor. Fico na cama como se fosse areia movediça, que me suga e me deixa com os braços quietos debaixo dela. Pela primeira vez na vida eu não sinto dormência, eu não sinto vertigem, eu não tive que confessar o meu pavor de conchinhas. Porque não teve nada disso.

    Você me fala que eu tô perdendo o mundo, e eu, mudo, te digo que não é bem assim, nunca foi. Quando a gente escolhe alguém, a gente escolhe um mundo com o qual quer colidir. Eu escolhi o dela, e ela tem visitado o meu numa expedição que caminha pelas costas, passa pelo pescoço e me arrepia até a ponta dos pés. Ela tem entendido mais sobre o meu mundo vermelho, e eu tenho entendido coisas que não entendia; coisas que eu nunca achei que existissem, cara. Ela me mostra as coisas com doçura, como se eu tivesse o tempo todo mascando chiclete sabor tutti-frutti. Você já sentiu isso? Já sentiu como se alguém abrisse uma porta e te puxasse pra dentro, sem te prender, mas deixando você liberto num mundo novo?

    Eu enxergo as ruas de um jeito diferente, revejo os dias como se estivesse pisando várias vezes em diversos ângulos do mesmo lugar. Eu sinto mais forte o gosto das coisas, do doce ao amargo, e até parei de usar sal na comida; dizem que faz mal. Eu me levanto sem raiva de ter que encarar o dia, porque durante as horas eu sei que tenho um pouco dela. É bobo pra caramba, cara, e, ainda assim, é bonito. Bonito pra caramba esse jeito dela de mudar quem eu sou.

Você fala de todas essas coisas e não percebe. Me chama de trouxa, e eu nem me ofendo; acho bobo também, aprendi a rir disso com ela. Você fala disso e mal sabe que um dia desses, enquanto ri, pergunta, brinca e denuncia os meus planos furados, também vai acontecer com você. E daí vai entender como é bom ser trouxa um dia. Todo mundo vai.

18

TARÔ

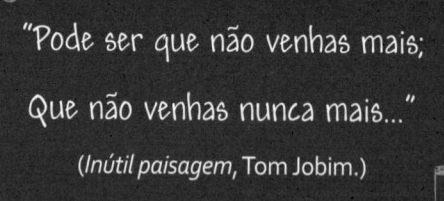

♫

"Pode ser que não venhas mais;

Que não venhas nunca mais…"

(*Inútil paisagem*, Tom Jobim.) ♫

Se caminhasse na direção oposta de alguma esquina escura, não seria ela. Não teria o senso falho de perigo nem as mãos suadas das quais ele gostava bastante. Só teria calma, e calma não é bem um dos resquícios dela pelo chão. Quando derrete, percebe a maquiagem escorrendo, umidificando os poros. Percebe o sorriso milimetricamente calculado pra ser triste e confiante. Percebe o sarcasmo nos olhos dos quais ele tanto gostava. Percebe que é de Leão com ascendente em Virgem. Só ela que não se percebe.

    Deixa frestas abertas, que é pra entrar alguma luz. Mora nele – mas tem medo do escuro. Luz demais a deixa cega e completamente mal-humorada. Trocou os dias pelas noites seminuas e semicerradas das persianas de um casebre que poderia ser fúnebre se não fosse dela. Com Vênus entrando pelas janelas, ela espia as primeiras horas da manhã. Como ela, ambas rivalizam com o Sol. Têm medo dele. Medo da forma com que as expõe pros outros. Medo de serem desmascaradas por algo maior que elas. Ambas temem suas marcas fragilizadas. Evita espelhos e a camisola cinza que, de tão fina e leve, se rasga com os movimentos compulsórios dela na cama.

    Percebe os remédios e arruma a casa. Percebe os tremores e ajeita as cartas. Percebe o Sol e estende as mãos para fechar as persianas. Tira uma carta e tudo se ilumina. O Diabo. Com Vênus e o Sol batendo lá fora. Passado, presente e futuro incerto. Se lembra da noite passada. Os Enamorados. Ele não estaria longe se ela não o tivesse posto à prova. Vai ver foi conhecer Marte, supôs. Ou conheceu alguém de Vênus que não tem medo do Sol. Analisa a pele branca. Faz tempo que não atravessa o quarteirão pra ir à praia. Nem pega mais na bicicleta que se chocou contra o carro dele. A Temperança. Sente o cheiro do perfume dele nas cartas. De ontem à noite. Reduz o ritmo das cartas e beberica um chá qualquer.

Vai com calma, meu bem. Você poderia facilmente sair de órbita e não o faz por medo de gente ou por amor à dor? O Enforcado. Estagnada. Não vai sair dessa tão cedo nem mesmo que eu te chame pra ir comigo? O Louco. Eu. E qual carta representa você? Faltam algumas horas pra se resolver entre deixar tudo o que já foi e ser de novo. Medo ou amor. Você não sabe. (Ela não sabia. Nunca sabia.)

A Morte.

Se caminhasse na direção oposta de alguma esquina escura, não seria ela. Teria se despedido e não sentiria remorso algum. Só teria calma, e calma não é bem um dos resquícios dela pelo chão. Quando derrete, percebe lágrimas e a sensação de peito apertado. Percebe o sorriso milimetricamente triste e confiante. Percebe o sarcasmo nos olhos – que negou a pergunta e não sabe até agora se seu vício é a dor ou o amor à dor. Percebe que Vênus vem antes do Sol nas primeiras horas da manhã, e ela tem pouco tempo pra chegar em casa e desarrumar tudo mais uma vez. Só que ele já foi embora.

19

VOCÊ ACREDITA EM AMOR À PRIMEIRA VISTA?

"I don't know you
But I want you."
(*Falling Slowly*, Glen Hansard.)

Num dia de eleições em 2014, eu tive a brilhante ideia de ir passear com meu cachorro na rua em que havia um posto de eleição. Resultado: a rua tava tão sucateada de gente que tive que mudar o percurso e entrar numa pracinha ali perto pra deixar o filhote correr livremente sem atrapalhar alguém e sem ser pisoteado furiosamente. Para a minha surpresa, a tal pracinha estava meio povoada, e todos os bancos estavam preenchidos de gente muito mais velha que eu segurando um *sudoku* ou caça-palavras. Ah, a beleza de um domingo de manhã. Avistei um banco vazio no meio da praça e lá fui eu com o cachorro.

Ao mesmo tempo em que sentei, uma moça alta sentou ao meu lado. Brincou com o *dog*, ele retribuiu o carinho, ela puxou conversa. Antes de entrar no assunto, deixe-me explicar: a minha aptidão social é meio inexistente quando estranhos puxam papo, porque nunca sei o que falar, nunca sei o que esperar de uma conversa com alguém que não conheço. Não é egoísmo; é que eu fico sem graça. A tal moça parecia ser gente boa e tentei ser educado, mas já previa o desastre que ia ser aquele papo. Ela perguntou sobre mim, falei que escrevia. Que escrevia sobre amor. Ela era bailarina. Prazer, eu danço sobre amor.

Me perguntou se eu acreditava em amor à primeira vista. Acredito, acredito até em amor à segunda e a outras vistas. Na maioria das vezes a gente precisa olhar mais de uma vez pra conseguir enxergar; sortudos são os que conseguem de primeira – e mais sortudos ainda os que são vistos de primeira também. Ela me disse que acreditava e, por isso, era triste. Que amava a dança e amava seu par, que tinha posto os olhos nele no primeiro ensaio dos dois e que sentiu tudo isso que a gente sente quando ama no momento exato em que as mãos dele a levantaram do chão. Ela rodopiou, ficou na ponta dos pés, foi erguida e voou por alguns segundos, mas queria voar pra sempre, e queria voar com ele. Ela sorriu, e foi triste. Ele era gay. Não tinha nada a ser feito.

Eu chamo esse tipo de situação de ilusão impossível. Ela o ama, mas é um tipo de amor imaginário, que nunca vai se concretizar, que não depende dela, nem dele. Não há nada que possa mudar isso; é da natureza, é um amor impossível e ela sabe, mas quem deixa de amar mesmo sabendo que aquilo não vai poder nunca sair do papel? Ninguém. A gente só ama, concretizando ou não; geralmente, é o desgaste ou o tempo que apagam isso, mas nunca é só escolha nossa. Ele, coitado, alvo de um amor não desejado, não pode corresponder, não é da natureza dele. E o pior disso tudo? Se tocam todos os dias, se encaram, são amantes silenciosos na arte. Ele faz dupla com ela, e ela sabe que é o máximo que vai ter dele.

Essas ilusões impossíveis estão por toda a parte. Podem ser cômicas, quando se trata de platonismos exagerados por artistas de televisão, ou podem ser bastante trágicas, quando amores são tirados à força da gente pra sempre, sem a chance de se reverter a situação. Essas ilusões impossíveis são o flagelo emocional que a gente não consegue controlar; elas simplesmente existem. São imunes ao nosso lado racional e raramente iremos querer arrancá-las da gente porque o máximo de malícia que têm se materializa num mal-estar passageiro. Na maioria das vezes, essas ilusões fazem a gente sonhar, seja com um futuro distante-nunca-realizado ou com um passado-lembrança-que-dói-no-peito. Vide a bailarina na praça, que nada pode fazer a não ser dançar.

E ela dança.

Dança com ele e transforma o amor que sente em arte. Se joga do alto com força, cai nos braços dele e sente sua pele contra a dela. Tenta cavar um abismo nos olhos dele, mas sabe que são impenetráveis pra ela, então continua dançando. Rodopia, salta, corre, pula, se atira no chão e gasta, numa metáfora, tudo o que faria se pudesse tê-lo. Ela dança enquanto ama – amou desde a primeira vez que o viu.

Depois da história dela, como eu poderia não acreditar em amor à primeira vista?

20

RITO DE PASSAGEM

♪

"Why can't you want me like the other boys do?"

(*Crave You*, Flight Facilities.)

♪

Maldita sorte. Poderia ser uma reclamação cotidiana sobre como minha vida amorosa tem sido capenga – ou sempre foi –, mas não é. É só um filme desses de Sessão da Tarde que vi ontem enquanto passava o dia de folga em casa. Ociosidade faz a gente estacar na frente da TV e transforma qualquer coisa que passa no folhetim em atração imperdível. Por isso mesmo é que nem me incomodei em trocar de canal quando anunciaram mais uma comédia romântica na telinha. O filme falava sobre um rapaz que tinha sido vítima de um trabalho benfeito de vodu na adolescência, por uma guria que ele havia desprezado: enquanto tivesse vida, toda mulher com quem transasse se apaixonaria pelo próximo cara que conhecesse e se casaria com ele. Ou seja, o filhote tinha um problemão em mãos, pois nunca poderia consumar nada com qualquer mulher com quem quisesse realmente ter algo, porque, bem, ela encontraria o amor da vida dela quando virasse a esquina. E não seria ele.

Me identifiquei com o filme. Não, ninguém fez feitiçaria para mim. Acontece que eu me senti um pouco como o cara do filme, como se eu fosse sempre o rito de passagem na vida de alguém. No meu histórico amoroso, era evidente: o padrão era encontrar alguém emocionalmente estragado, que precisava de cuidados e muita atenção, muito desenvolvimento afetivo pela frente. Era sempre a mesma coisa: encontrar um náufrago pra me fazer de porto seguro. A gente acabava se tornando porto seguro um do outro e curando a maior parte das complicações, dos traumas, dos medos e tudo o mais. Bonito, não é? É como se estivesse me vangloriando de curar alguém, mas não, não é isso. Eu só dava a sorte de ser aquilo que alguém precisava naquele momento, e vice-versa.

E qual é o problema nisso?

O problema é que essas pessoas que passavam por mim nunca ficavam. Chegavam, deixavam seus problemas, trabalhavam as questões e saíam mais leves e prontas para um novo amor, talvez maior que o que sentiam por mim. Meus amigos dizem que é neurose minha, mas sempre me enxerguei como o rito de passagem dos outros. Era a preparação para o que estava por vir, o teste de que tudo estava funcionando perfeitamente bem. O santo e o demônio, a cruz e a espada de quem vinha desorientado e não sabia o que fazer. A gente construía algo, isso é um fato, e geralmente era algo bonito. Alguma coisa que iria desencadear em mim, e em quem passou algum tempo comigo, algo importante no futuro – acredito nisso. Então, por que me ressinto? Ora, não seríamos nós todos ritos de passagem de alguém?

Se a gente pensar nos relacionamentos que teve, em algum momento vamos nos encontrar nesse papel, exatamente nesse ritual nada macabro, nem obscuro, que acontece com frequência. A gente é o corredor, não a sala. É a maçaneta ou o corrimão. Somos caminho, nunca o destino final. Tem gente que pira quando percebe isso, porque, ao contrário do que o outro sente, talvez a gente veja nele uma droga de uma porta, um caminho final, uma faixa de chegada. E as expectativas não batem.

Entendo o moço do filme e sei como é frustrante se sentir assim, seja uma vez na vida ou com mais frequência; seja no fim de um namoro ou de um relacionamento que acabou porque a outra pessoa, aquela que a gente ama, percebeu que é mais feliz com outro alguém, não com a gente. É frustrante e dói um pouco.

Paro e penso que já esbarrei em alguns ritos na minha vida também. Pessoas que foram importantes para me tirar de um estado estático e me botar de volta na roda da vida; gente que chegou e de cuja vida eu parti, porque todo mundo passa, até mesmo nós. Mas confesso que o meu egoísmo só me faz pensar nisso quando acontece comigo. Poxa, eu queria que alguém ficasse, queria mesmo, queria tanto que dava tudo de mim pra libertar a pessoa do que fosse, só pra ela entender que a gente estava livre pra procurar o caminho juntos. Se eu não era o caminho, podia ser a companhia pra se chegar a ele; se eu não fosse a tal porta, dava tempo de encomendar madeira pra construir uma, era só esperar um pouco. Mas não deu; elas não ficaram.

Outro dia desses, lendo um tuíte de um amigo que falava sobre Harry Potter, me deparei novamente com o assunto (e talvez tenha encontrado uma resposta sensata em forma de metáfora pra isso tudo). Ele dizia que vai existir sempre uma Cho Chang para preparar o caminho pra chegada de uma Gina Weasley. E faz sentido, faz bastante sentido. No filme, a menina japonesa é um amor passageiro de Harry Potter e desenvolve com ele algumas tramas importantes para o amadurecimento do personagem, para que, no final, ele pudesse cair nos braços da ruiva Weasley.

Isso deu uma amenizada na frustração, porque percebi como ritos de passagem são necessários na vida das pessoas. Foram na minha, na sua, e a gente também deve ter sido – ou pode mesmo estar sendo agora – um deles na vida de alguém.

21

FAÇA DURAR PARA SEMPRE

"Your face is all that I see
I'll give you everything
Baby, love me lights out."

(*XO*, Beyoncé. Mas recomendo que ouça na versão de John Mayer.)

Enquanto eu pulo do sofá pra atender o telefone, promete que fica deitado ali, com o movimento do peito se abrindo e fechando numa respiração pesada de quem acabou de sair de uma gripe forte. Eu corro, eu atravesso os móveis, eu quase rodopio e aplico uns passos de balé pra não fazer tanto barulho quanto o telefone que toca – tudo pra não te acordar antes da hora, pra te deixar ali, deitado em paz.

Atendo, e a ligação cai. Tiro do gancho e fecho uma fresta da janela que já tava deixando o sol começar a entrar. O apartamento é meio pequeno, mas não lembro direito por que a gente dormiu na sala e não foi pro quarto; minha coluna tá péssima, acho que vou precisar colocar alguma coisa nela pra melhorar. Tem dois copos e um pouco de refrigerante quente e sem gás numa garrafa por perto; acho que a gente comeu demais e bateu sono. Nem o tempo, nem o espaço, nem coisa alguma incomodou.

Sabe a parte do dia que eu mais gosto? É aquele momento em que você quase acorda e abre um dos olhos pra ver se tá tudo bem, me pega mais forte e abre um sorrisinho tímido de quem não quer se mexer tão cedo. Esboça um barulho de manhã e enterra o rosto no meu ombro, como se dissesse: "amor, eu sei que é hora, eu sei que é tarde, mas faz durar mais um pouco isso aqui, me deixa ficar". Não sou eu que te boto pra fora, meu bem, é o mundo. É o mundo lá fora que te chama pra longe do nosso refúgio; são teus compromissos e a agenda que fica em cima da minha mesa de trabalho. É o meu chefe e o teu, são as contas em cima da mesa, é a viagem que a gente tá planejando. No dia a dia, as coisas não são "esticáveis", não existem cinco minutinhos e ninguém quer deixar a gente perder a hora ou o metrô pra ficar junto.

O mundo real nunca conspira a favor do amor.

Ensaio uma escapada e você trava os braços. Balbucia alguma coisa que eu não entendo – tem medo de abrir a boca e soltar bafo, mas eu já me acostumei tanto com você que te beijaria agora e nem ligaria, mas você liga; você sempre pensa nos detalhes que não importam. Não são os cinco minutos a mais; não foi isso que você pediu. Afasto um dos seus braços e você me agarra. Sinto cócegas. A barba arranha bem entre o ombro esquerdo e o pescoço, meu corpo entra em estado de choque e sinto que me denunciei no arrepio. Você sente e ri. Não, mentira. Você gargalha. Eu murcho. Toda a minha pose adulta, de quem precisa levantar e tem horário a cumprir, de quem precisa botar uma roupa pra enfrentar o mundo (só pra chegar mais tarde e pedir comida japonesa ou fazer pipoca de micro-ondas com você), se desfaz. Murcho e não resisto; fico mais um pouco. Te peço pra repetir o que você disse e me surpreendo. Fica pra vida inteira? Sorrio. Só se você fizer isso durar pra sempre. Me sinto apertada, segura, desligo o telefone e o alarme reserva. Escondo o acorda-mundo debaixo do travesseiro. Fico, fico pra sempre.

22

MEU DIA FOI CINZA

♪ *"It's getting dark too dark to see*
Feels like I'm knockin' on heaven's door."
(*Knocking on Heaven's Door*, Bob Dylan.
Mas eu sugiro ouvir a versão do RAIGN.) ♪

Hoje eu cruzei duas avenidas enquanto carregava uma mala pesada porque a droga das rodinhas empenaram. Tinha parado de fumar, mas a gente sempre volta pro vício mais recente quanto precisa de fuga, então comprei um maço – pra assegurar que iria ter mais se precisasse escapar – e traguei. Primeiro trago, depois te levo de volta. Segundo trago, fumaça. Cinza. Feito o céu de São Paulo. Ainda não tinha me acostumado.

Quando mudei para cá, as coisas não eram assim; tinha aquele tal amor que todo mundo negava que tinha na cidade. Tinha vento, tinha os domingos no Ibirapuera, tinha o passeio de bicicleta na Paulista e tinha você. Tinha tanta coisa pra me fazer criar raiz que eu não neguei em nenhum momento que aqui era o meu lar, não lá. Lá era longe de mim, uma coisa que não combinava com os meus horários, não combinava com o ritmo em que eu me movia pela cidade. Lá tinha paleta inteira de cores, mas eu era monocromático. Aqui predomina o cinza, mas você me pintava como se eu fosse tela e você, pincel; como se eu fosse um corpo vazio e você fosse alma. Será que um dia você também acreditou que me salvaria de ser cinza?

Eu tenho uma alergia braba, papo de sinusite e rinite e alguma outra ite que faz a cabeça doer e o nariz se irritar todo. Insisto no trago porque as coisas vão mal, tão pesadas quanto a mala de rodinhas inúteis. No fim das contas, me sinto igualzinho a ela, nesse peso arrastado, que, antes de as pernas empenarem, achava fácil de ser carregado. Achava fácil porque São Paulo me dava a sensação de que, não importava pra onde eu fosse, sempre voltaria. Você era âncora, lembra? Não dessas que botam a gente pra baixo, mas do tipo que prende uma das pernas pra fixar meus pés no chão. Até tatuei do lado direito pra te ver em mim, mesmo que você não tivesse ali. E agora eu vou embora. De que adiantou tanto mar pra gente morrer afogado na praia?

Acho que foi consciência. Foi aquela coisa de reconhecer que eu sou teu amor, você é meu também, mas já foi, passou, alguma coisa se desencontrou no caminho e agora eu volto pro Rio; talvez eu deságue por lá. E você, por onde anda, que não em mim?

Repito todos os clichês, desde chutar a mala até largar algumas coisas, porque não caberia levar – não caberia em mim qualquer coisa que não fosse você. Eu te imagino toda de novo; imagino você dançando na pista de pouso como se chamasse a chuva num ritual que me pede pra ficar. Imagino você usando uma daquelas saias arrastadas e o pingente tribal que a gente prometeu usar junto aos gritos, meu bem, enquanto você arranhava os dedos nas minhas costas pra me fazer sentir uma coisa que eu não sentia faz tempo. Imagino, mas você não vem. Quanto tempo faz que você já foi?

Última chamada pro portão de embarque.

Hoje o meu dia foi cinza, completamente nublado, como no dia em que cheguei a São Paulo. Eu não tinha grana, não tinha teto, mas tinha você. Será que eu te encontro lá dentro, sentada do meu lado, pra me fazer carinho antes de dormir? Tomo sempre alguma coisa pra dar conta da rinite ou sinusite ou qualquer outra ite que seja, pra me ajudar a dormir. Só que desta vez não tem teu ombro nem as mãos apertadas, nem alguém que saiba como eu morro de medo de sair do chão, porque criei raiz, amor. Só que...

Trago mais uma vez e guardo o restante dos cigarros. Trago. Mas nenhum deles vai te trazer de volta.

23

CUIDA DELA

♪

"Solidão, foge que eu te encontro,
que eu já tenho asa." ♪
(*Doce solidão*, Marcelo Camelo.)

Rapaz, diz pra ela que o meu bom-dia ainda é dela. E que, se der, outro dia a gente se esbarra e eu levo umas flores pra ela. Faz dela um porto inseguro pra não se deixar levar pela rotina da maré calma. Beija o nariz dela que ela acorda na mesma hora e ainda dá uma espreguiçada com um sorrisão de partir o meu coração por não poder mais acordar ao lado dela. Ô rapaz, cuida dela com ternura. Essa garota precisa de alguém com tempo e com todo o coração do mundo pra entender a alma dela. Deixa ela descansar a cabeça no seu ombro, mesmo que você sinta um pouco de medo de se mexer. Eu nunca consegui ficar quieto com ela do lado.

Diz pra ela que ela é meu sonho bom. E que vai ser dureza não ter ligação nenhuma no meu celular pra responder. Coloca um toque personalizado, mas não escolhe nenhuma música especial pra vocês dois, rapaz. Puxa pra uma valsa, que ela sabe dançar bem demais. Ela tem um jeitinho de fugir dos meus braços que dá gosto. E não cai na armadilha dela, não. Se enroscar no pescoço dela é perigoso, porque você pode ficar ali por tempo demais e se esquecer de olhar bem nos olhos dela. Diz pra ela que eu sei que eles não são castanhos, rapaz. Os olhos e ela são doces como mel. Dá pra sentir no gosto do primeiro beijo na chuva. E carrega sempre um remédio pra alergia na carteira. Dá pra prevenir os olhos dela de lacrimejarem por algum motivo bobo. Cuida bem pra ela não chorar, viu?

    Diz pra ela que eu guardei os ingressos do nosso primeiro cinema e que ontem tava passando o filme na Sessão da Tarde. Pergunta se ela viu e se lembrou de mim durante os comerciais. Pergunta se ela ainda discute Godard com alguém ou se gostou de algum *blockbuster* recente e não quis confessar. Rapaz, ela sabe de tudo no mundo. Puxa assunto com ela, mas não deixa o silêncio consumir vocês dois. Ela é tagarela demais – e boa coisa não é se ela começar a ficar quieta. Aquieta o rosto no colo dela e deixa uma barbinha rala pra ela sentir cócegas. Ah, você faz bem em levar dois edredons pra cama, porque senão corre o risco de passar frio. Ela é meio egoísta durante o sono. Diz pra ela que eu sinto falta das conchinhas e que até parei de reclamar da dor nos braços. Abraça forte sempre que der e escreve uns poemas também. Garanto que ela vai te inspirar a escrever um livro inteiro.

    Ô rapaz, diz pra ela que eu soluço só de pensar em como vai ser daqui pra frente e que o meu norte foi embora junto dela. E diz também que eu reconheço que ela deve ser mais feliz com você do que comigo. Diz que eu não me conformo, mas vou tentar pensar nisso como um desvio de percurso – e que, até a gente se reencontrar, eu vou tentar garantir a felicidade dela por meio de umas dicas e recomendações que eu vou dar pra você. Ela gosta de beijos molhados e pouca agilidade na hora de se despir. O suor dela tem um gosto bom, rapaz, então não precisa – e nem pode – ter nojinho com ela. Compra cerveja em vez de vinho e põe o chinelo dela na entrada pra ela se livrar logo do salto quando chegar. Não trabalha muito até tarde porque ela vai depender de alguma atenção sua pra ter certeza de que fez uma escolha justa em me deixar. E fala sobre música, alguma coisa de *blues* e *jazz*, e deixa ela sentar pra tocar piano naquele restaurante grã-fino dos Jardins. Diz pra ela que eu aprendi uma partitura pra poder me lembrar dela.

Cuida bem dela e diz pra ela que um dia a gente se encontra se ela resolver que dá pra ser feliz aqui. Mas, se ela preferir ficar por aí, faz dela o seu grande amor, rapaz. Diz pra ela que a solidão só anda doce porque eu ainda penso nela. E dá um beijo de boa-noite na testa dela por mim, rapaz. E não precisa dizer nada depois disso. Ela vai fechar os olhos e se lembrar de mim.

24

NÃO QUERO SER SUFICIENTE

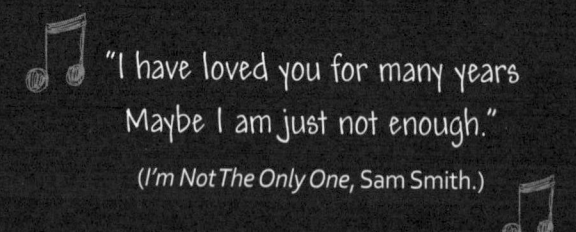

♪ *"I have loved you for many years
Maybe I am just not enough."*
(*I'm Not The Only One*, Sam Smith.) ♪

Suficiente. É exatamente essa a palavra: suficiente. É assim que você faz com que eu me sinta toda bendita vez que eu desligo o telefone e ouço um "ahã, tudo bem" do outro lado da linha, que mais parece o outro lado do hemisfério, num polo coberto de gelo.

Eu já te causei alguma excitação na vida que te fizesse levantar da cama pra ter vontade de me ver em vez de ficar pedindo por cinco minutinhos a mais de descanso, pra ficar longe de mim? Não. Porque eu não te faço transbordar, não sou a gota d'água nem teu mata-leão. Sou suficiente. Ponto.

Não te importa se eu me enrolar numa calça jeans ou descer as escadas num vestido de festas; não importa se eu disser que tô pegando um voo pra Amazônia ou se a ponte aérea vai atrasar no final de semana e talvez eu perca o jantar com seus pais, amor; não importa se eu não gosto do seu programa de TV preferido, você até troca o canal pra me agradar. Não é que não goste de mim, que não me tenha afeto ou carinho; até tem, eu consigo sentir, consigo ver alguma coisa distante no jeito como me olha. Não é pena nem desprezo, você também não é totalmente apático. Seu tom de voz oscila, mas você não grita nem fica em silêncio porque não sente ódio – você não me odeia; ódio é algo muito forte pra sentir por mim. Porque eu, bem, eu sou suficiente.

Veja bem, meu bem, eu entendo, porque já tive amores assim. Suficientes. Que bastavam pra passar o tempo e entregar tudo o que eu precisava, gente boa, pessoas inteligentes, com um gosto musical mediano, viajados, que falavam algumas línguas e as enrolavam nas minhas num lençol abarrotado de sexo mediano. Nunca pegamos fogo, nunca congelei por eles. Você também não. Você se mantém morno, e morno é uma temperatura agradável pra você, porque não me ama, embora eu seja suficiente pro que você quer agora. Suficiente.

E qual é o problema de ser isso, só isso, na vida de alguém? Você não sabe, mas eu te digo: te digo toda vez em que te atendo, te digo sempre que deito com você, te digo quando gemo e quando grito, quando desce uma lágrima no meio do orgasmo, e não é de emoção por ter chegado lá, amor, e sim por perceber que você me fita distante, quase como se eu fosse uma parede opaca; quase como se desejasse alguma coisa que eu não posso ser e que não sou. A verdade é que não sou teu entorpecente; tenho certeza de que não morreria por mim. Certeza absoluta de que, se um trem tivesse vindo na minha direção e você não pudesse fazer muito, só lamentaria e diria como eu era uma boa pessoa.

No fim do dia, sabe quando você chega em casa, tira os sapatos, bebe um *cappuccino* quente e sente o corpo todo esquentar? Sou essa sua sensação. Enquanto eu sinto tudo o que você pode imaginar, percebo que não te causo o mesmo. É aí que mora o problema: quando eu percebo. Depois que a gente percebe, não dá mais pra ignorar, e começa a acontecer de a gente perceber mais ainda. Perceber os gestos, perceber a temperatura, perceber o olhar vidrado e distante enquanto a gente irrompe num gozo solitário. Percebo tanto que comecei a sentir, acredita?

Não que isso seja ruim. Morno é uma temperatura agradável, eu já disse. Pra você tá tudo certo, tudo no lugar; parece que a faxineira passou aqui na semana passada e só tirou o pó da prateleira. Nenhuma comoção; eu sou cotidiana. Você se acostumou comigo. E não é que seja ruim, eu só não transbordo. Fico ali, certinha, na medida certa. Copo meio cheio, sabe? Visão otimista das coisas. Não te causo frio na barriga, vai ver é por isso que você não se importa quando eu roubo o lençol de noite. Não deveria, mas não falo nada. Sei que incomoda e sei que uma hora eu posso explodir, e talvez nessa hora eu te cause impacto, eu te exploda também, eu arranque de você tudo aquilo que sempre quis – mas tudo o que sempre quis foi só amor, e nunca tive. Então me calo, porque acho que nada que eu fale vai te fazer cocégas ou provocar choro. É bom, vai bem, tudo bem, obrigada. Porque é exatamente assim que eu me sinto: suficiente.

25

NINGUÉM TEM BOLA DE CRISTAL

♫ "I really fucked it up this time.
Didn't I, my dear?"

(*Little Lion Man*, Mumford & Sons.) ♫

O programa do Jimmy Fallon (*The Tonight Show*) é um dos meus preferidos da TV gringa. O cara é basicamente o ser mais engraçado do mundo. É do tipo "gente como a gente", ou seja, você adoraria ser amigo dele pra rir das vezes em que ele é um completo imbecil (no bom sentido), além das vezes em que é muito, mas muito inteligente. Um dos episódios do Jimmy Fallon que mais me marcou foi o que ele entrevista a Nicole Kidman. Todo mundo que já viu Moulin Rouge se apaixonou por ela (ou pela Satine, que seja). O Jimmy brinca com a Nicole sobre eles terem se conhecido no passado e conta a versão dele. Um amigo teria ligado pra dizer que estava com a Nicole Kidman e que iria com ela ao apartamento dele. Ele ficou nervoso, não sabia o que fazer; recebeu os dois em casa e mal falou com ela. Ela conta, então, que estava um pouco interessada nele, mas ele pareceu tão acuado, que ela achou que não tinha chance. Isso tudo num programa ao vivo em que Jimmy percebe que jogou pelos ares uma oportunidade de ter algo com a Nicole Kidman, porque ele nunca imaginaria que ela pudesse ter interesse nele. Aquela história de "muita areia pro meu caminhãozinho", sabe?

    Pense rápido: quantas vezes na vida você já deixou de investir em alguém porque achou que não corresponderia às expectativas da outra pessoa? E quantas vezes já disse com todas as palavras que estava interessado nela? Pois é.

A gente perde chance o tempo todo porque supõe que está sempre aquém de quem a gente quer. Decidimos por conta própria que não somos bonitos nem interessantes, ou que nossos gostos não são compatíveis, sem nem ao menos nos dar o trabalho de perguntar para a tal pessoa se ela gostaria de sair com a gente e conhecer nossas esquisitices. Entendo quem faz isso, até por que... quem nunca fez? (Estou levantando a mão e acenando.) Daí diluímos todo o nosso interesse em sinais que achamos que o outro vai entender. Se você disse que gostava de uma música que a outra pessoa gosta, e ela não respondeu nada, certamente ela não te quer. Se falou que cozinhou o prato preferido dela, e ela não reagiu, com certeza ela cagou pra você. Sério?

As pessoas não são adivinhas nem contam com bolas de cristal na carteira como se fossem cartões de crédito. Os sinais que a gente emite não são universais, ou seja, podem significar alguma coisa só pra gente. Pros outros, os seus sinais podem passar desapercebidos, o que gera frustração, mas ainda assim não é culpa deles. Ao criar códigos e sinais esperando que a outra pessoa entenda, condicionamos o diálogo à falha, porque os símbolos que usamos para a comunicação não são conhecidos dos dois lados. É o mesmo que falar grego com alguém que só fala português e esperar que o outro te entenda. Não funciona.

Além disso, quando a gente acha que é inferior às expectativas do outro, o costume é sempre deixar pra lá. Você sente uma puta atração, mas deixa pra lá. Você fica toda mexida e parecendo manteiga derretida, mas deixa pra lá. Você nem se lembra do jogo de futebol do seu time preferido, mas deixa pra lá. Qual é o santo problema em perguntar ou chamar pra sair, ou dizer que está interessado? Você não vai morrer por isso. Se for tímido, escreva. Se for desastrado, ligue. Se for hipertenso, tome seu remédio antes de fazer qualquer coisa. Só não dá pra achar que não tem chance quando nem chegou a tentar. Graças a Deus que sou cara de pau pra caramba e vou atrás de quem quero. O máximo que vai acontecer é rejeitarem minha investida, o que vai me dar mais tempo pra investir em outro interesse romântico, em vez de ficar pensando demais sobre ter algo ou não com aquela pessoa.

Se quer, diga. Se não quer, diga também. O mundo seria mais fácil com mais diálogo, com intenções mais claras, com menos sinais confusos. Ninguém é obrigado a entender o que você quer dizer. Se dá tanto medo assim colocar pra fora, você pode encontrar outros meios de expressar o que sente, nem que seja falando com um amigo em comum a respeito do assunto. É tudo uma questão de confiança, ou uma visão prática da coisa: quanto menos tempo você perder pensando, menos vai sofrer. É menos romântico, porém menos doloroso também. Num mundo como o de hoje, você pode até fingir que mandou o WhatsApp errado (quem nunca falou algo que sempre quis dizer no MSN e fingiu que tinha errado a janela?).

O Jimmy Fallon pecou por isso. Ele achava a Nicole incrível, mas supôs que ela nunca iria querer nada com ele. Só que ela queria. Ele não disse nada, não agiu como se tivesse chance. Ela correspondeu ao que ele expressou: desinteresse. E hoje os dois poderiam estar juntos, mas não estão porque ele supôs que ela não queria, enquanto ela, por sua vez, também não esclareceu o que desejava.

Dá pra imaginar quantas chances foram jogadas no ralo só porque você achou que tava a fim de alguém que era capaz de ler pensamentos e adivinhar o futuro?

26

EU VOU TIRAR VOCÊ DESSE LUGAR

♪ "Eu vim em busca de amor
Olha, foi então que eu te conheci."
(*Eu vou tirar você desse lugar*, Odair José.
Mas sugiro ouvir ao som de Los Hermanos.) ♪

Tô escrevendo pra você porque caí hoje mais cedo, quando saí do metrô. Esbarrei numa senhorinha e me lembrei de pedir desculpas enquanto o iPod tava no chão. Pisaram nele e subitamente o *shuffle* foi ativado. Enquanto eu xingava uns dois caras maiores que eu, bateu um medo de ser espancado na multidão e saí pelo lado oposto. Sempre saio pela tangente, pelo lado contrário, pelo sul – pra onde minha bússola não aponta. Foi assim que eu acabei te deixando sem explicar muito mais, não foi?

    Tô te escrevendo porque parou em Los Hermanos, e eu nunca reparei na saudade que sentia de você até agora de manhã. Não reparei porque ando ocupado, indo de um lado pro outro, meio que usando isso como desculpa pra não parar em casa, porque o silêncio me pegaria de jeito. E você? Faz tanto tempo e tanta gente que não te vejo, não te enxergo, não te toco nem te carrego por aí, que sinto um arrependimento enorme de não ter ficado pra cuidar de ti. Bate um descontentamento, porque, sei lá, saí por aí com a promessa de que iria buscar as coisas que me fazem feliz, mesmo sem saber quais seriam elas. Saí pelo mundo com um caderno e uma maleta, prometendo que faria valer a pena essa busca, esse desencontro, esse aperto no peito que não me deixa em paz.

Até que hoje de manhã eu esbarrei em você. No que você foi, no que você é.

E não deu mais pra esconder a saudade debaixo do tapete.

A tua vida anda bonita, cheia de coisas que eu disse que teria quando parti? Ou você ainda insiste na ideia de que a gente foi feito destino cruzado e que a tua aposta ainda é em mim? Você foi a única pessoa que apostou em mim, de uma forma ou de outra, ainda que isso seja uma bênção e uma maldição. Tu foi a única pessoa que me pegou pela mão e nunca mais soltou, tampouco se incomodou quando eu te disse que eu era como dente-de-leão. Me assopra de novo pra me despedaçar por você? De repente, teu céu anda nublado demais e eu não posso fazer nada. Não vou saber, porque não tenho olhado pras sombras nem para trás por puro receio de voltar.

Olha, me deixa confessar que eu ainda te amo e que tem doído. Tem doído tanto, mas minha mãe um dia falou pra olhar pra frente que o passado assombra mesmo. Só que desta vez eu acho que é diferente; desta vez, acho que eu podia ter te trazido comigo, porque é impossível que eu seja feliz sem ter você por perto com toda a naturalidade de quem diz que a vida segue como um rio e que a gente pode furar o barco de vez em quando. O que há de vir tem força, meu amor. Talvez a gente se encontre lá na frente, talvez eu volte hoje pra você. Talvez você nem saiba mais meu nome, mas eu te ajudo, te ensino a me escrever outra vez.

Ainda que isso tudo seja meio contra o que eu te disse – aquele papo de nunca voltar atrás, nunca sentir que era pra ter ido por um caminho e seguir em frente –, eu volto. Volto por você e volto por mim, pra gente ser humano, mundano, pessoas que se arrependem, sim, e voltam. Nada mais justo aprender a dar meia-volta numa avenida movimentada de São Paulo, enquanto toca no *shuffle* do meu peito o teu som, enquanto prometo fazer as malas hoje e te mandar um e-mail; enquanto compro flores e rezo pra você me aceitar de volta num abrigo de consolo no teu peito. Assobio baixinho e vou cantando a promessa que te fiz um dia: "vou tirar você desse lugar; vou levar você pra ficar comigo".

27

ERA ALARME FALSO

♪ "Eles não sabem amar.
Coisas da vida."
(*Ele x ela na cidade sem fim*, Vanessa da Mata.) ♪

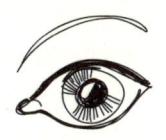

Ela gostou dele no momento exato em que colocou os olhos nele. Bonito como as fotografias de países que ela nunca tinha visitado, ele tinha um ar de quem podia mostrar o mundo duas ou três vezes pelo mesmo caminho, e ainda assim ela não enjoaria. Logo sorriu quando viu que ele acenava.

Ele chegou muito tarde e decidiu esperar só mais um pouco. Não sabia se o Carlinhos conseguiria chegar, mas tinha que pedir uma grana emprestada pra comprar o carro novo. Gostava de Caetano e da Elis, mas aquele *jazz-sounds-cool* em Santa Tereza já tava batido, enchendo o saco do cara com uma gim-tônica na mão. Viu de longe alguém entrando e achou que fosse o Carlinhos. Acenou.

Ela achou que fosse milagre, finalmente o tal milagre do desejo recebido, do querer-mais-que-bem-querer ao mesmo tempo, o tal do mito de reciprocidade. Desta vez não seria dramalhão, pensou com sua caipirinha *light*; desta vez era pra ser mesmo. E escondeu o celular na hora pra não correr o risco de responder ao WhatsApp e se distrair dele.

Ele percebeu que tinha sido engano, não era o amigo. Só conseguiria ficar mais vinte minutos e ainda tinha o tal drinque pra terminar. Por que bebia? Nunca soube; não gosta de álcool, não gosta de perder o domínio do corpo e da mente. Da última vez em que havia bebido, tinha perdido também o domínio do coração. Vidra os olhos no copo e se esquece do que foi. Vira de costas e nem percebe quê.

    Ela repara que ele se move com calma, mas parece dor. Deve ser um daqueles tipos sugados que um dia ou outro na vida atirou o que havia no peito na privada e deixou descer pelo ralo. Ele combinaria com paletó e chapéu, pelo menos ela podia imaginá-lo assim. Mas não, nada disso... Usava bermuda e camiseta com um cordão de santo que ela não conseguia identificar quem era. Esperou um pouco pra ver se ele falaria com ela. Até que.

    Ele terminou a bebida e ensaiou uma ida ao banheiro, mas olhou o telefone e viu que tava tarde, sempre tarde, sempre com pressa e com hora marcada pra ir embora. Por que a vida tinha que ser assim, apressando a gente a todo momento, não importando qual fosse a ocasião? Pediu a máquina do cartão, passou no crédito e foi embora. Passou como bala e entrou no primeiro táxi à porta do bar. Passou tão rápido que nem viu.

    De longe, lá de dentro, uma moça bonita como as lembranças que ele tinha de países que visitou olhava, desolada, praquela fuga. Como de costume, ele ia embora, e ela perdia alguém. Enquanto ele achava que não teria mais milagre, não acreditava mais – pensou nisso já na esquina, quando lembrou da última bebedeira. Ela mexeu na bolsa sem tirar os olhos do carro que se afastava, e ele nem hesitou, nunca olhou pra trás. Ela pegou o celular e terminou o drinque, pediu mais um pro garçom, desta vez algo mais forte, uma gim-tônica, que era pra tirar o demônio do corpo e perder o controle dele e do coração. Sempre preferia perder o controle, sair do corpo, morrer mais de uma vez a ficar inerte. Gostava de sentir e sentia tudo; sentia muito. Sentia falta de alguma coisa e achou que ele pudesse lhe fazer companhia. Tinha lugar vago na mesa dele, tinha lugar vago na mesa dela. Não entendeu uma coisa; a gente nunca entende e se pergunta, revira a questão na cabeça por dias meses anos séculos a fio: se não queria, por que acenou? Eles sempre acenam, mas nem sempre é pra gente. Na maioria das vezes, na maioria dos casos e dos drinques, é só alarme falso.

28

ALGUÉM QUE VOCÊ COSTUMAVA CONHECER

"Told myself that you were right for me
But felt so lonely in your company."
(*Somebody That I Used To Know*, Gotye.)

Se você nunca ouviu de alguém que você mudou, volte cinco casas no Jogo da Vida e espere sua vez de jogar. Ouvir isso é caso clássico em qualquer relacionamento, principalmente naqueles em que o tempo dá conta de afastar e trazer de volta, num encontro desastroso em que duas pessoas que antes tinham algum afeto, carinho ou desejo reservado agora não passam de dois desconhecidos.

    É engraçado tocar nesse assunto, porque me lembra do meu primeiro amor. Foi uma daquelas avalanches sentimentais que pegam a gente desprevenido na adolescência, sabe? Lembro até hoje que a gente tinha nada a ver e mesmo assim eu insistia. Insisti até o primeiro beijo, insisti até chamá-la de "meu anjo" – fazer o que se eu era brega? Insisti tanto que consegui o que queria: atenção, afeto, reciprocidade, mas não demos certo. Nunca entendi na época quando ela me disse que não era eu e começou a namorar um feioso de outra turma, mas agora entendo. Não era pra ser; o silêncio incomodava, era uma coisa horrível. Acho que grande parte de o relacionamento ter dado errado se deve à minha inclinação a romantizar tudo e todos que cruzassem comigo. Enfim, isso é papo pra outro texto.

    Passei quatro *fucking* anos empacado na dela. Empacado não significa que não conheci outras pessoas e que não tive outros rolos, mas foram quatro anos até enfim perceber que ela era mimada, que não queria nada comigo e só gostava da companhia. Eis o problema de muitos desses amores confusos que a gente tem pela vida: eles só gostam da nossa companhia. E ter companhia é tão bom, tão gostoso, combina tanto com sol e chuva, que tem gente que confunde a coisa toda. Não a culpo; eu também confundiria. Só sabia que era amor porque gaguejava sempre que via outro cara por perto e ficava meio quieto quando ela passava com o namorado (feioso) perto de mim. Só sabia que era amor porque não sentia pela companhia, mas pela falta.

    Passamos do ensino médio e eu fui pra faculdade. Nos encontramos no aniversário de um amigo nosso, sendo que nessa época a gente nem se falava mais direito. Se tem uma coisa que eu consigo ser é franco quando tenho nada a perder. Imagine você o que eu não tinha entalado em quatro anos de sofrimento amoroso por ela? Falei, falei tudo, e tomei um belo de um "nossa, não sabia que tinha sido importante pra você". Goku teria sido derrotado por essa frase, mesmo que tivesse preparado uma Genki Dama maior do que a que fez. Acompanhado disso, depois de uma boa hora de conversa, ela me solta um "você mudou, não chega nem perto do cara que eu conheci, e eu não gosto desse novo você".

    Olha, as pessoas mudam, é natural. O que sai da ordem da vida é ficar parado. Quando ela me diz que eu mudei pra pior, dói um pouco, sabia? Mesmo que tenha passado tempo; mesmo que a gente nem se fale mais, porque eu ainda a considerava um velho vício na época. Sentia como se tivesse frustrado as expectativas de alguém que eu amava pra caramba e jogado todas as minhas chances fora. Num primeiro momento, era como se ela tivesse me dito: "você não é mais quem eu quero". Mas daí percebi que ela nunca tinha me querido.

    Se tivesse me querido, teria estado por ali em algum momento. Não teria demorado quatro anos para perceber que sentia alguma coisa, principalmente porque se deu conta disso só porque "eu mudei". O que ela queria dizer na verdade era: "você mudou e não é mais o cara que corria atrás de mim, que falava sobre as coisas que eu gostava, que se omitia para não me perder por alguma falha que pudesse ser dita". Ou seja, eu não era mais o cara que ela gostava de ter por perto justamente porque tinha me tornado o cara que não precisava mais cumprir esse papel.

Quando alguém diz que você mudou, é preciso avaliar a situação. Porque mudar é um processo lento; a gente não muda do nada. Pra ela, a mudança só foi negativa porque afetou um *status* de possessividade que ela mantinha: foi quando rompi o cordão umbilical que ela sentiu a mudança. Quando me desprendi dela e fui pra longe, percebendo que ela tinha feito uma escolha e me restava seguir em frente, foi que ela se deu conta. Quatro anos é tempo pra caramba, cara, talvez você não ache, mas é. Foi tempo de vê-la com dois namorados e um monte de chances de dizer que gostava de mim, que tinha se apaixonado também, porque eu ainda estava ali. Mas não, nada, nadica. Ela só me disse que eu não era mais quem ela conhecia porque não a agradava mais.

Isso acontece sempre. E nem é o tal do ditado que fala sobre dar valor quando perder. Nah. É sobre posse e sobre manter alguém ali por puro deleite emocional. Se era confusão, paciência – um quarto e o som ligado poderiam ajudar mais do que me envolver na história. Você não precisa ferir ninguém pra resolver as coisas aí dentro, já disse isso uma vez. Se era de propósito, ela não poderia ter reclamado nunca da mudança, porque nunca fui dela; sempre orbitei por ali, mas dela mesmo eu nunca fui. Não teve perda, não teve falta. O que aconteceu foi que eu levantei e fui embora sem bater a porta, como você também já deve ter feito.

Se você nunca ouviu de alguém que mudou, prepare-se para ouvir um dia. Vai doer, mas vale a ponderação. Às vezes, você mudou para pior na visão dos outros, mas foi só porque fugiu do raio de satisfação pessoal deles (como eu fugi do dela). Dói um pouco reconhecer a mudança no início, mas depois bate alívio. Foi o que senti quando me despedi dela naquele dia. No fim das contas, a gente faz bem em transformar velhos rostos em desconhecidos.

29

DEVE TER ACONTECIDO ALGUMA COISA

♪ "You abandoned me
Love don't live here anymore."
(*Love Don't Live Here Anymore*, na versão do City and Colour.
Mas pode ser a da Rose Royce também.) ♪

São três da tarde e você ainda não chegou. Eu já liguei pro meu pai, pra minha mãe, duas vezes pro meu irmão – por engano, porque não queria falar com ele na segunda vez, então não conta –, e até cogitei atender a ligação de *telemarketing*, só pra passar o tempo. Essas moças podem ser amigas e tanto quando a gente tá carente, você deveria tentar um dia. Você não deve saber quanto custa uma ligação interurbana, mas, olha, eu já gastei o equivalente ao almoço que a gente ia ter à uma da tarde, e você ainda não apareceu.

Deve ter acontecido alguma coisa.

Você pode ter batido o carro, ou ter sido assaltado, ou ter descoberto um tumor maligno no esôfago e corrido pra uma cirurgia às pressas. Todo tipo de fatalidade é aceitável, e eu ainda vou poder contar pros meus amigos uma grande história sobre como a gente não se encontrou no tal dia.

Você pode ter sido abduzido por alienígenas ou ido ajudar o Papai Noel a entregar alguns presentes fora de época. Nessas horas, até aquilo em que a gente não acredita serve pra justificar uma ausência. Eu disse ausência, veja bem, e não falta. São coisas diferentes, que a gente costuma confundir. Ausência é a não presença, o não comparecimento, algo que não aconteceu. Já a falta é soco no estômago, é o costume que lhe é tirado, é a faca de dois gumes que te diz que a presença de sempre sumiu. Falta é sumiço; é quando forçam a gente a se acostumar com o que já se fez hábito. Você não é tão importante assim pra me causar falta, mas poderia ter sido um dia.

Perdoa o efeito tragicômico, mas eu uso o exagero e imagino o pior dos cenários pra você, porque pra mim ele seria um dos melhores. Não que eu te deseje algum mal, longe de mim – é só que eu te desejo. E, quando a gente deseja alguém, é muito difícil lidar com a verdade nua e crua: você não veio. Não teve acidente nenhum, nem doença inesperada, nem disco voador. Você simplesmente não apareceu nem achou que deveria dar alguma explicação pro sumiço. Não achou que cairia bem ligar duas horas antes pra me livrar do constrangimento da mesa vazia e do olhar piedoso dos garçons; não me ligou pra me deixar dormir mais cinco minutinhos, porque eu não estaria atrasada para nenhum compromisso. Você fez nada.

É esse "fazer nada" que machuca em toda e qualquer situação. Pior do que ter que remarcar na sua agenda pela terceira ou quarta vez, esse "fazer nada" é tão despretensioso que nem engana mais: você não se importa. Nem um pouco. Nem pra dizer que não poderia ir porque ficou com preguiça de sair na chuva; nem pra dizer que encontrou coisa melhor pra fazer. E hoje o prato do dia é ausência, já te disse. Falta você ainda não faz, mas chegou bem perto de começar a fazer, o que me decepciona ainda mais. Por que vocês sempre jogam tudo no lixo?

Por que sempre pegam a parte boa, quando tudo está fluindo, quando a gente começa a se acostumar com as coisas e com as mãos e com os pelos das pernas e com o jeito de atender ao telefone, e pisam na bola? Eu nem sou um campo minado, poxa.

São 15h30, e o atraso só avança. Se eu pudesse tirar uma lição disso tudo, bem, não seria uma, seriam duas. A primeira é que a gente aguenta quase tudo nessa vida, menos rejeição direta. A indireta seriam as remarcações, a falta de tato, a ausência nas respostas e tudo o mais. Isso dá pra superar quando estar junto é melhor que o resto. Já a rejeição direta marca dia, horário, local e não aparece. É injusto pra caramba, mas tudo bem. Lição aprendida; não vai ser com você, não depois desta. A única chance é se algo tiver acontecido, porque daí, tudo bem, eu pago a língua e saio com o peito leve. A segunda lição que eu tiro disso é que o restaurante escolhido tem que ser sempre bom. Em todo caso, quando rolar ausência (ou pros casos de falta, o que é pior ainda), a gente pelo menos desconta no menu.

30

ALGUMAS COISAS SÓ VÃO EMBORA DEPOIS DE ENSINAREM UMA LIÇÃO

♪ "Such a pretty house and such a pretty garden
No alarms and no surprises."
(*No Surprises*, Radiohead. Mas sugiro que você escute a versão da Regina Spektor.) ♪

Um dia desses contei aos quatro ventos que você chegou e ficou marcada feito tatuagem. Ficou, e me lembro de que no tal dia, um 15 de junho qualquer, eu tinha comprado *croissant* de queijo e chocolate em pó, e você me pediu uma xícara e tomou café sem adoçante. Tinha sol e uma cortina entreaberta, tinha a gente e um monte de coisas que eu não conseguia registrar. Eu te fotografava pra manter cada passo seu em câmera lenta na cabeça. E, se desse pra revelar, você teria visto que aquele 15 de junho tinha sido inteiramente seu.

    Você entrou e eu torci o nariz pras ordens, esse foi o primeiro embate. Setembro, acho, no fim, quando já era primavera e um galho ameaçava entrar pela janela. Tirei teu sutiã numa tarde e vi uma marca em alto-relevo; eu a toquei e você chorou. Chorou porque a vida marca a gente, marca com ferro e brasa, marca a ponto de deixar escrito na pele da gente coisas horríveis que a gente queria esquecer. Não eram tatuagens, não foi opcional; me desculpa, amor, tudo bem.

    Num feriado em janeiro, você não veio pra casa. Chegou no dia seguinte com um gosto de lágrima misturado com batom borrado misturado com Bourbon, e eu te perguntava o que era, meu Deus, o que foi, me conta, mas você não parava de chorar e dizia que não cabia em si, não conseguia controlar. Você levantou no dia seguinte como se nada tivesse acontecido e desenhou no espelho, manchou o carpete com batom, pegou o gato e saiu. Já era Carnaval, meu bem, o mundo em folia, e eu aqui dentro. Não deixou recado, mas continuou marcada. Desta vez, sem tatuagem.

Você morou em mim por mais tempo do que morou comigo. Foi numa quinta-feira, na tal da quinta, num 15 de março, santa coincidência – o diabo gosta mesmo de ver a gente rindo do escárnio dele. Não teve caixa e não foi barulhento; não teve mais do que a comoção necessária pra alguém dizer que tá indo embora, e eu não sabia o que fazer com a tatuagem, porque era você marcada rasgada esganiçada numa marca em carne viva colorida no meu braço. Você desceu de escada e nem era pra atrasar a chegada ao térreo ou pra me pedir pra ir atrás – nada; era sua punição porque você sabia, você sempre soube que homem nenhum no mundo seria como eu. Sabia tanto que foi embora pra não me marcar.

Mas, meu bem, você não sabe que algumas coisas só vão embora depois de ensinarem uma lição pra gente?

Não me lembro exatamente de quando foi, mas demorou. Você morou em mim por muito tempo mesmo, tempo suficiente pra eu entender que marcas como aquela das suas costas são expostas pra gente o tempo todo; pros outros, só acontecem à luz do dia. Doem sem que a gente toque nelas e, quando nos tocam, doem mais ainda. Por isso o choro, o rosto borrado, o surto manchado, o pedido de dreno feito em cada tatuagem. Por isso o gozo lento, o beijo que segurava as mãos, o medo quando abria a maçaneta. Até o gato notou a sua fixação com o calendário. Você marcava as datas? Programava os surtos? Dizia pra si mesma que iria botar pra fora em doses homeopáticas, pra conseguir dormir?

Tem gente que marca, e a marca é profunda, corte com gilete ou navalha, precisamente cirúrgico pra causar dor. Os seus foram causados por estilhaços e pegaram muitas partes do meu corpo, só não mancharam o lugar onde você chegou e ficou feito tatuagem. Olha, eu tentei de tudo: tentei cocaína e heroína, tentei os comprimidos, tentei até floral e acupuntura, mas nada funcionou. Tentei o disco novo do The Who e uma estranha aula de violão que acabou com as cordas quebradas – as minhas e as do violão –, porque a melodia me lembrava o 15 de junho em que eu tinha te registrado. E a música seguinte me lembrava setembro. E, trocando a partitura, a gente estava em janeiro e dali a pouco já era Carnaval. Tenho tentado, mas ainda não aprendi nada, não entendi nada; só sabia que uma hora você iria explodir. Foi num 15 de março, mas ainda não mudei a folha do calendário, porque a despedida de verdade nunca é com data marcada, nunca é exata feito tatuagem.

31

FORA DE CASA VOCÊ É MEU ABRIGO

"If she's passin' back this way, I'm not that hard to find
Tell her she can look me up if she's got the time."
(*If You See Her, Say Hello*, Bob Dylan.
Mas sugiro a versão de Jeff Buckley.)

Se eu te vir por aí, direi que ando com dois casacos e um protetor de orelhas; pareço o Chaves com aquele chapéu engraçado, você até acharia graça. Digo que eu não saio de casa sem as chaves porque corro o risco de ficar trancado pra fora, e chaveiro nessa cidade custa os olhos da cara. Não seria má ideia pagar com os olhos, contudo, já que sem olhos eu não sentiria. Deixa pra lá, que não sou Édipo, e me desculpa se estraguei o final da história pra você; é que achei que você já soubesse. Era a nossa tragédia favorita. Era.

 Teve um tempo em que eu não precisava carregar nada além de você nos braços. Se sentisse frio, abraço. Se sentisse calor, roupas no capô do carro. Se eu sentisse qualquer coisa, seria por você e não por conta do tempo. Teve um tempo, não muito tempo atrás, que eu dizia as coisas e você ria – ria comigo, meu bem, ria até não poder mais. Teve esse tempo e agora o clima virou: eu sinto frio, eu sinto fome, eu sinto tanto, mas tanto, que, se pudesse, te pedia desculpas por não ter percebido antes que.

 Olha aqui, cai pra dentro de mim, repara nas paredes decoradas e me põe do avesso. Por dentro eu sou você; teu gosto é que tá pendurado na minha pele; meus pelos das pernas são cordas de um violão que não aprendi a tocar, mas prometo, amor, prometo que te faço serenata um dia, nem que seja um bombom como desculpas por não ter arranhado bem a música, nem que seja dublando a música que você gosta de dançar. E te digo que nunca é tarde demais; hoje já passou da hora, mas não é tarde demais, não é, não deixo que seja. Se fosse tarde, eu te acordaria contra a sua vontade e te faria amanhecer comigo.

Não percebi antes, mas percebo agora. Percebo em todo canto pelo qual passo, no qual pouso; percebo naquele karaokê enquanto cantava que eles estão vindo, estão vindo pra tirar a gente daqui e te esconder de mim. Não me lembro da música, mas ela falava alguma coisa dessas; me bateu angústia, me bateu alguma coisa quando desceram as duas doses de tequila prata, porque não é meu costume; me bateu saudade, e é por isso que.

É por isso que eu madrugo e bato na tua porta, te grito e ignoro os vizinhos: me acode, amor. Que eu vim aqui só pra te fazer companhia e te pedir pra casar comigo de domingo a domingo, nem importa se vai ter horário na igreja ou se a gente vai inventar uma cerimônia entre a gente no silêncio da avenida Paulista. Acorda, amor, eu sussurro. Percebe a falta de exclamações, porque contigo eu não grito, só sussurro pra te acordar de mansinho. Se não for hoje, amanhã eu volto no mesmo horário. E já deixei avisado com o seu porteiro: se você a vir, diz pra ela que eu saio de casa com dois casacos e um protetor de orelhas, pareço o Chaves, ela até acharia graça. Diz que eu não saio de casa sem as chaves porque corro o risco de ficar trancado pra fora. Diz pra ela que eu não sou Édipo, e me desculpa se estraguei o final da história pra você, é que ela sabe. Era a nossa tragédia favorita. Era.

Doutor, ela mandou subir, e o senhor deu sorte, porque é justo nessa hora que ela acorda e interfona, pergunta se tem alguém na porta, como se esperasse alguma coisa.

Eu devoro os degraus e devoro a gente, não aguento chegar e boto a mão na porta. Você abre e deixa passar um pouco de luz antes de me perguntar por que eu demorei tanto, por que eu te deixei sentir frio, sentir fome, e eu sinto tanto, mas tanto, que, se pudesse, te pedia desculpas por não ter percebido antes que fora de casa você é meu abrigo.

32

PLATÔNICO ATÉ PODE SER

"No promises, no demands
Love is a battlefield."
(*Love is a Battlefield*, Pat Benatar.)

Tenho uma amiga adepta de redes sociais, como se elas fossem o Grande Milagre do século XXI na hora de encontrar alguém. Se perguntarem a ela sobre o assunto, ela é capaz de redigir um relatório completo sobre as vantagens, desvantagens e funcionalidades de cada uma.

Os aplicativos de relacionamento são a evolução do *Show do Milhão* pra nossa geração. Se antes a gente passava horas num PC tentando ganhar um milhão de reais fictícios enquanto ouvia o Silvio Santos nos desafiar, hoje o jogo se transformou em algo muito mais difícil. Não se tem a opção de parar pela metade e ir embora pra casa, feliz, com cem mil reais de mentirinha. Nesses aplicativos, a realidade é oito ou oitenta: ou vai, ou morre no "oi, tudo bem?".

Acontece que a tal amiga sofre de um platonismo adaptado: amor à primeira combinação. Seletiva que ela só, escolhe os possíveis amores a dedo. Características físicas pesam menos do que a ideia de ter ao lado dela um cara que goste de praia ou do seu cantor preferido. Ela calcula a distância – isso é importante –: será que ele conseguiria passar os finais de semana com ela? Será que ela conseguiria encontrá-lo mesmo que o carro quebrasse? Vigia os amigos em comum pra pedir dicas posteriores, pra entender melhor quem é o dito-cujo na vida real. Analisa cientificamente cada candidato antes de dizer o seu "sim, eu aceito" na primeira etapa do encontro.

O segundo passo, logo o segundo, é construir a fantasia de que ele é o tal homem da sua vida. Como no *Show do Milhão*, ele vai galgando valia na escala dela a cada pergunta respondida. Os que chegam aos maiores placares despertam na menina uma coisa que ela não sabe explicar, mas que apenas sente: a chance de achar sua outra metade da laranja. E olha que ela nem gosta de laranja. Elege o rapaz, marca um encontro, e melhor ainda é quando combinam na vida real – uma noite agradável com um cara agradável que talvez possa ficar mais do que apenas um dia.

O terceiro passo é a frustração. Com ele e com todos os outros. Quando ela pensa em sair do aplicativo, eles continuam. Quando ela pensa em continuar o papo, eles recuam. Ela e o platonismo exagerado denunciam que se animar demais com todo e qualquer cara que possa preencher suas convicções é perigoso. É arriscar a quantia que você tinha por um milhão de reais de mentira numa pergunta cuja resposta você não sabe.

Mas sabe que, no fundo, eu não acho de todo errado esse risco que ela corre? É corajosa a forma como se doa pra chance de dar certo, porque, bem, tudo só começa com um pequeno esforço em querer conhecer o outro e se dispor a fazer isso. Enquanto todo mundo trata como corriqueiro, como só mais um esbarrão, ela vai na contramão da vida e trata o outro como se fosse ele e só ele. Como se fosse a pessoa por quem ela tem esperado, mesmo que não seja. E o que acontece com gente que se joga é isso: o risco da queda, da cara no chão. Eles, os outros, que ficam longe do abismo, talvez nunca possam apreciar a vista da queda como ela, preferindo se manter seguros e apáticos. A apatia é o revés do amor. Antes sentir qualquer coisa, ainda que dor ou frustração, a sentir nada.

    E ela? Ela vacila por um tempo, mas logo vibra: tem uma nova combinação. E vida que segue.

33

VOCÊ PRECISA SENTIR TUDO

♪ *"I've figured out that joy is not in your arms.
I know I'll always ache with an empty heart."*

(Joy, Ellie Goulding.) ♪

Tô preocupado contigo e com as coisas pelas quais você tem passado. Tá bem mesmo, ou isso tudo é desculpa pra não conversar comigo sobre as coisas que dão medo? Olha, tudo dá medo e nem sempre medo é fraqueza, viu? Aliás, nunca é. Medo é quando o teu peito se descompassa e fica numa loucura aflita que não dá pra contar pra ninguém. Só dá pra sentir. Põe tua mão no meu peito e sente: tá sentindo? Sente aqui o que é medo pelo tato e escuta as minhas batidas. Eu também sinto medo, e você pode contar comigo. Olha, me conta do teu brilho nos olhos e não precisa explicar nada. Não quero explicação, só sentir. Sinto contigo e sinto muito se eu disse alguma coisa que te machucou, mas eu me importo. Não do jeito como as outras pessoas se importam; me importo com o que você vai sentir amanhã. Com a queda da cabeça no travesseiro porque a viagem pode durar segundos ou milhares de anos, depende do peso que você estiver carregando. Quer dividir angústia comigo? Eu te ajudo a carregar esse peso nas costas.

Deixa de sentir tanta dor no peito e me deixa abrir um pouco disso.

Talvez seja algo escondido que você precisa revelar. Talvez seja nada.

Noutro dia me falaram que você sorri de um jeito triste tão bonito, que a gente até entende tua dor. E eu tô olhando pras olheiras; você sofre, né? Sofre com o mundo ou por ele? Você é do tipo que não vai aguentar se continuar guardando tudo pra si: do belo ao que corrompe, dos outros e de si mesmo. Aparece pra mim e me diz coisas feias, que ninguém quer ouvir. Eu ouço e engulo. Ouço e ponho minha poeira pra baixo do tapete. Não é só a tua casa que tem truques pra disfarçar a solidão. Sorriu pra mim, viu? Dá pra ver pelas pernas tremendo ali no cantinho, viu? Você tem espasmos de vazio. Tá tentando preencher vazio com vento pra alocar a ferida? Para com isso antes que exploda. Ou antes que imploda pra sempre, e nesses casos é muito pior, porque ninguém repara. Ninguém repara e ninguém te salva.

Talvez a gente se encontre. Talvez a gente se perca.

Nunca entendi muito bem a diferença, já que o mundo é um moinho. Mas eu vou salvar teus sonhos, pode deixar.

Tu quer deitar a cabeça no meu ombro e fingir que tá dormindo? Eu não gosto muito disso porque fico com medo de me mexer e te machucar, mas deixo você ficar assim. Só hoje. Noite que vem eu vou embora pra desaguar minha dor no mar e ver se passa. Já viu o mar de perto? Eu sempre vejo quando essa coisa aperta e eu não sei se é saudade, se é dor, se é angústia ou se é nada. Nada é perigoso, porque a gente acaba transformando em tudo e sentindo tudo, e daí desaba. Já desabou no mar? É tão quieto e tão calmo debaixo d'água, e dá pra ouvir o coração batendo. Sentir é o revés do medo, cê não acha? Eu acho que um dia essa pressão vai embora e eu vou sentir tanta falta que vai doer. Mas você tá melhor? Tá me olhando sem falar nada, sem saber pra onde ir nem qual é teu lugar no mundo. Sem saber como se achar, sem teto, sem abrigo e sem todas as coisas que dão chão. Põe teu pé no chão e outro no meu colo. Um pé no chão e outro num sonho. Já sonhou comigo? Ah, bobagem isso. Te conheço de uma vida e mesmo assim nunca vi você. Teria reparado nos olhos se visse antes. E teria entrado por eles pra te abraçar e pedir um lar. Teria te chamado pra viver comigo até amanhã. Teria perguntado se tá tudo bem, e acho que você se sentiria melhor por ter alguém que realmente quisesse saber como você tá.

Tá bem? Me conta das coisas do teu mundo antes que eu vá embora.

Até amanhã eu sou teu e deságuo em você.

Mas não deságuo dor como as outras pessoas.

Isso eu deságuo amanhã, no mar, quando for embora e agradecer por tudo. Por você estar bem, pela cabeça no meu ombro, pela conversa na estrada e pelo trem. Pelo amor ou pelo medo – ainda não descobri o que você estava sentindo, mas agradeço por ter compartilhado.

Se lembra de mim até amanhã, e se lembra disso pra sempre: sentir é o revés do medo.

34

E SE...

♪

"Here it's never ending, can't remember when it started."
(*Swingin' Party*, Lorde.)

♪

Tatuei no pulso um barquinho de papel conectado por traços a uma frase. A tal frase, um *What if* ("E se...") bem desenhado no outro pulso, é tanto o motor do barco quanto seu algoz. O significado pra mim é bem claro: enquanto me prender ao "e se..." e ficar pensando no que poderia acontecer ou no que há por vir, o barco vai navegar pra longe, cada vez mais distante de onde eu gostaria que ele estivesse.

Sempre foi assim. Não sei se é o signo de Libra que devo responsabilizar pela indecisão extrema, ou alguma inquietação pessoal que nada tem a ver com astrologia. Fui um desses meninos que ficam em cima do muro, sem decidir se pulam prum lado ou pro outro. E isso se aplicava a tudo: escolha de filmes no cinema, restaurante preferido, passos a serem dados em relacionamentos amorosos. Não que eu seja um frouxo sem personalidade, mas, a menos que não queira muito uma coisa, deixo a escolha em aberto, porque ambas as opções me agradariam. Só que as coisas não são assim.

Me prender ao "e se..." me fez perder tanta coisa, tanta gente e tanto amor por causa da inércia, que o histórico me denuncia, embora se disfarce de cautela. Cá entre nós: tem coisa que não precisa da cautela da gente; precisa é de impulso. Tem coisa que dura uma fração de segundo, e ponderar sobre qual seria a melhor decisão faz a gente estátua em momentos especiais.

O "e se..." pode ser venenoso, pode corroer a gente e sempre adiar uma decisão. O pior é que ele vicia. Vicia tanto que, se você reparar, depois de ter visto tanta despedida no horizonte da sua vida, vai se dar conta de que a culpa foi sua por ter perdido tudo o que perdeu.

Mas como mudar essa situação; como se desviar da Matrix feito um Neo descompensado e cansado que luta contra a própria forma de agir? Não sei. Não faço a menor ideia. Só sei que preciso rever a forma de encarar os "e se..." da minha vida.

Se eu me agarro ao passado, sofrendo porque poderia ter escolhido um caminho diferente, ou porque queria que algo tivesse acontecido, ou porque queria que alguém tivesse ficado, vivo numa roda-gigante inútil. Ela não vai me mostrar paisagem nova; não vai me tirar do lugar. Serão sempre aqueles altos e baixos, girando numa visão panorâmica de algo que nunca aconteceu. E preciso entender isso.

Me agarrar ao futuro é ainda pior. É aquela dúvida de agir ou não, e a minha experiência com a dúvida me diz que a gente vai recusar o salto e o risco em noventa por cento dos casos. Adiar é sempre mais gostoso porque lembra o sofá de casa e como é cômodo continuar na nossa zona de conforto. E a gente se agarra ao "e se..." pra ficar pensando e mentir pra gente e pros outros que pensou, mas na verdade foi só uma desculpa para deixar o tempo e as coisas e o mundo lá fora decidirem pra gente.

Em ambos os casos – em todos os casos –, o barquinho se afasta. Você já viu *Titanic*? Ninguém sabia que haveria um naufrágio, nem Jack nem Rose. Se soubessem, será que teriam escolhido nunca se conhecerem pra salvar a própria vida? Não dá pra saber; você nunca vai saber. E, enquanto pensa nisso, o barco vai longe. Mais longe de você do que você gostaria que ele estivesse.

35

AINDA CHOVE

♪

"What have I got to do to make you love me?
What have I got to do to make you care?"
(*Sorry Seems To Be The Hardest Word*, Elton John.) ♪

Não dá pra parar a chuva lá fora, e você não vai sair porque não quer se molhar. Você nunca quer se molhar; quer sempre se sentir seguro, quer pintar e bordar nessa figura íntegra e imponente de quem não sente nada e tá tudo bem. Tudo bem? Tá nada, não adianta mentir pra mim, não adianta posar de homem crescido com uma barba na cara quando eu sei bem que você não passa de uma ovelha na pele de lobo. E eu? Prazer, eu sou o carneiro que ainda acredita em você.

Não briga comigo. Pelo menos não hoje, porque tá frio e eu já entendi que vou dormir sozinho. Você nunca pede desculpas; por que pediria agora? Tô me acostumando, deixando ir aos poucos, um dia no sofá, o outro lá fora. E, se chover de novo, você se molha ou escolhe ficar em segurança? Aqui dentro chove todo dia, só você não vê. Só você não enxerga a falta que eu sinto daquele cara que me olhou pela primeira vez num esbarrão de bicicleta e que disse que cuidaria de mim quando eu lhe trouxe flores e camarão. Se coçou todo que me fez rir da alergia; me fez ter o hábito de carregar um antialérgico na carteira pra te salvar do que vem de dentro. Mas remédio nenhum cura de dentro pra fora quando a gente tem certeza do que sente.

E você. Você já sabe o que aconteceu.

Sabe e não me diz, por que acha que não vou aguentar? Meu bem, eu aguentei tanta coisa antes de você; tanta falta e tanta chuva que já chorei, tanto frio que passei debaixo de uma marquise fedida a mofo, por gente menos importante que você. Nessa vida, já morri algumas vezes, e uma delas foi com um tiro nas costas em fevereiro, quando você disse que não me queria mais. Tinha morrido antes também, mas era a primeira vez em que morrer era bom. Foi em março do outro ano, quando eu te conheci e você disse pra onde ia. Mesmo lugar que eu. A passeio ou a trabalho? Depende. Do quê? De quanto tempo você quer que eu fique. Pra sempre. E pra sempre nunca me pareceu tão distante quanto o país em que a gente se conheceu parece agora.

Não sei o que faço. Já te peguei pelos ombros e te empurrei pra longe, já mudei os móveis de lugar, já troquei de lado da cama. Já tirei a barba, deixei o cabelo crescer, qualquer coisa pra você enxergar aqui o que você enxergou um dia; pra você me olhar com um pouco de carinho que seja. Já limpei as mãos e as juntei nas tuas, mas nada, nenhum choque, nenhuma corrente que passe pela gente. Não sei se dei defeito ou se a gente expirou, mas lembra das aulas de remo que eu fiz pra ficar com as costas largas e os ombros definidos? Serviram pra me mostrar que eu não consigo remar sozinho – a correnteza é forte demais; se você não vier comigo, vem contra mim, se choca, me joga no mar, só não me deixa naufragar no meio do nada.

Sobre o que eu posso falar pra te fazer reagir? As máquinas não dão mais jeito, você tá aí e me prende aos tubos. Eu espero a eutanásia; cadê a sua boa vontade em me desligar de uma vez pra eu parar de sofrer? Me perde, amor, mas me perde logo, e de uma vez. Me perde pra eu poder entender que foi perda e que não tem desculpa, não tem grito, não tem euforia que me atire em você. Não tem soco, não tem chute, não tem computador quebrado que te faça voltar pra mim – porque você já foi. Até tento colar tudo depois que quebro, não é culpa minha. Veja bem: teve muita coisa quebrada aqui dentro por você. Aí também deve estar uma bagunça, e eu não sei se dou jeito, não sei se é pena ou medo, não sei de mais nada. Não sei seu livro preferido nem a música que você ouve na estrada; não sei se a sua cor preferida continua sendo azul ou o verde dos meus olhos, ou se você trocou de preferências sem pudor. Não te enxergo, também não me enxergo mais, e choro. Choro pra caramba, choro como homem nenhum me fez chorar antes. Choro e chove, amor, chove muito quando eu choro, lá fora e em mim. Chove e você não se molha; você nunca mais se molhou depois de um tempo. Foi em outubro e você acordou assim, à prova d'água; não era mais em quem eu chovia, nunca mais foi. Você não se molha, mas ainda chove. Chove, choro, chove, choro, chove, e nada parece fazer você se molhar. Nem mesmo eu.

36

HOJE EU NÃO ESCREVI SOBRE VOCÊ

♫

*"But you don't see me standing here
I just came to say goodbye."*

(*Dancing on My Own*, Robyn, na versão do Kings of Leon.)

♫

Hoje foi a primeira vez que eu não escrevi sobre você. A primeira vez em que as sílabas não gotejaram saliva no papel, a primeira vez em que eu não senti nada.

Hoje consegui me despedir sem mencionar você e terminar um parágrafo sem escrever essa palavra. Não falei que você foi embora nem que eu me senti devastado porque você nunca me disse o que sentia por mim.

Hoje eu não abri uma garrafa de vinho nem apaguei as luzes. Não tomei dipirona nem liguei pro meu melhor amigo pra falar que vai ficar tudo bem, cara, sempre fica depois de um tempo. Foi a primeira vez em seis meses que eu olhei pra tela em branco do computador e não quis te enviar um e-mail perguntando como vão as coisas por aí.

Hoje eu não abri a nossa última conversa pra ver o Feliz Natal que você me desejou e constatar a falta de respostas nas outras datas. Não houve Feliz Ano-Novo, Feliz Aniversário, Feliz-qualquer--merda-que-pudesse-ser-usada-pra-você-falar-comigo. Mas não abri, hoje não. Hoje eu ouvi Mutantes, e eles não me fizeram lembrar de você como Kings of Leon fazia, nem como o Moska faz toda vez que canta *A idade do céu*.

Hoje eu não fumei um maço inteiro nem quis que o meu chefe fosse atropelado na Alameda Santos. Também não corri de noite com os fones pendurados e o olhar fixo no breu. Não cruzei a calçada com o cachorro nem parei pra me perguntar o que eu vou fazer quando o teu avião pousar aqui daqui a algum tempo.

Hoje eu não parei pra pensar em como seria se você tivesse me dado um beijo. Um beijo no meu aniversário do ano passado, um beijo no jantar com as suas amigas, um beijo no dia em que eu cheguei antes de todo mundo pra te ver indo embora. Também não me lembrei de como era a sua voz, de como você ria (de mim), de como foi enroscar os dedos nos seus. Qual era o seu perfume mesmo?

Hoje foi a primeira vez em muito tempo que eu não escrevi sobre você, não pensei em você, não vivi da lembrança de você. E precisava te escrever pra contar isso.

37

TARDE DEMAIS

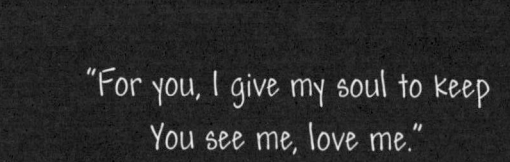

"For you, I give my soul to keep
You see me, love me."
(*Better Man*, James Morrison.)

Quando você pensar em jogar o chocolate fora e começar a dieta na segunda-feira, porque desta vez você se decidiu – vai ser agora: sem chocolate e sem pasta de cacau, sem os biscoitos (ou bolachas) recheados que você guardava em segredo nas gavetas... vai ser agora –; quando pensar em tirar todo o açúcar de casa, vai perceber que já tem doce demais na boca. Vai perceber que ele não se importa, nunca se importou, e que o espelho só fala contigo. As mãos dele se adaptam ao seu corpo, seja ele como for, e o teu corpo se entende com o dele. E é doce, tão doce, que você poderia continuar com a revolução maluca dentro de casa que nada mudaria no sabor dele.

Quando perceber que apagou a luz – e você nunca apaga a luz porque tem medo do escuro –, vai estranhar a falta do medo e o tanto de espaço, mesmo que essa sua cama grande exista há pelo menos uns quatro anos no novo apartamento. Vai abraçar o travesseiro e jogar as pernas por ele, que não te completa, e vai sentir falta de alguma coisa ali, mas nunca mais vai sentir medo, e sim esperança de que um vulto ou fantasma, qualquer que seja a sombra, seja ele chegando de surpresa.

Quando reparar melhor nos diálogos gravados dos filmes aos quais já assistiu setenta vezes, vai começar a entender alguns deles. Mesmo que você já os conhecesse de cor e salteado, não ouvia, não lia nada nas legendas, mas agora entende. Entende tanto da Satine que já chora por antecipação quando percebe que ela vai deixá-lo; entende Clementine como se fosse a tua mão que ela segura enquanto apaga o Joel; acompanha Luiza pela porta de saída enquanto espera Guido correr pra pedir desculpas e segurá-la, mas ele não a segura... Ele te segura? Ou te deixa solta pra dançar balé pelo bairro enquanto traça o caminho até o ponto de ônibus?

Quando olhar pra baixo, vai se sentir a Dorothy, e todo aquele mundo de Oz vai existir aqui no quintal. Bata os sapatinhos pra fugir dele ou encare o espantalho que não pensa, o homem de lata sem coração e o leão medroso – todos dentro de um homem só. Mas ele mexe lá dentro, espreme as vísceras, te faz repensar seu lugar no mundo. Ele é um espelho desagradável porque, bem, ele te faz doer inteira. Olhar pra ele dói. Falar com ele dói. Ele provoca uma dor tão profunda que você se confunde sobre se estar perto dele significa angústia ou paz. Ele te provoca, provoca essa reviravolta; você poderia vomitá-lo agora e continuaria sendo bonita pra burro. Mas como? Bate os sapatinhos ou encara o desafio?

Tarde demais.

Quando você finalmente entender, vai ser tarde demais. Ele já vai ter deitado a cabeça no teu colo e te pedido desculpas por ser assim, desse jeito que ele concebeu na maternidade e arrastou pra fora dela com alguém dizendo que além de *gauche* ele seria caos também. Nasceu na cúspide, e, se você não sabe, gente que nasce nessas datas de transição solar são problema puro. Mas já é tarde demais. Não precisa conferir no relógio da cozinha se ele vai demorar pra chegar ou se comprou o tomate que ele pediu. Vai cozinhar pra você hoje, e vai continuar falando e falando e falando enquanto você dança balé pela sala, pelo escritório, pela rua cheia de gente se espremendo pra chegar ao Saara, e ele fala, fala, fala mais, por favor.

Quando ele passar, já vai ter sido tarde. Você já aceitou que depois dele as coisas nunca mais vão ser as mesmas, ou pior, você já não é mais a mesma. Não é a cada novo minuto com ele, porque ele faz isso: dentro dele existe um mundo com algumas entradas e cavidades secretas, mas ele não entende, nunca entendeu; ele só deixa você ir entrando porque sente o mesmo, sente que gosta de te ver dançar, sente que acenderia a luz do corredor de surpresa porque a sua cama é mais confortável que a dele, sente um pouco que foi parar em Oz, mas era ele o furacão. E você? Tarde demais pra renunciar. Ele já sabe, mesmo que não diga, e também acredita, assim como você, que é você quem vai salvá-lo.

38

SAPATO NOVO

♫ *"Change your ways
while you're young."*
(*Smile Like You Mean It*, The Killers.) ♫

Não faz muito tempo, papo de três semanas depois de entrar o inverno, percebi que não sobreviveria às chuvas com a roupa intacta se não comprasse um par de botas. Meu lado prático gritou que eu resolvesse tudo pelo computador, sem precisar reservar tempo nem energia numa busca por modelo e cor nas lojas. Modelo encontrado, tamanho selecionado, pagamento realizado. Era só esperar chegar.

A tal bota chegou, e eu acho que pela primeira vez na minha vida eu me apaixonei por um par de sapatos. Coloquei-o para ir ao trabalho e eis que não foram três quarteirões andados e o pé já doía. Mas eram tão bonitos e combinavam tanto comigo, que decidi ignorar a dor. Todo sapato novo causa incômodo no começo, pensei. O problema é que a dor e o inchaço continuaram a ser causados no segundo, no terceiro e no quarto dias em que utilizei o par. E eu continuava insistindo. Insisti tanto que fui parar no hospital com o tornozelo torcido por ter dado mau jeito com a bendita bota. A culpa foi sua, disse o doutor.

E quase sempre a culpa é nossa mesmo. Essa dor de sapato novo acontece o tempo todo. Naquele relacionamento novo que promete vingar como uma história bonita e que combina tanto com você, que você insiste. Insiste mesmo que o pé doa, mesmo que fique encolhido dentro do sapato. Insiste no primeiro dia porque é bobagem desistir cedo. Insiste no segundo porque daqui a pouco você se acostuma. E assim por diante, por pura teimosia, porque todos os sinais contribuíam para a ideia de que aquele era seu par perfeito. E, do nada, você torce o tornozelo e cai, percebendo que aquele amor não cabe em você.

A culpa é sua? Sim, toda sua. Os sinais de que não funcionaria estavam ali; sempre estão. Eles gritam na cara da gente, e não sei se é por teimosia ou por algum outro sentimento confuso que a gente resolve não dar ouvidos a eles. Por que a gente faz isso? Por que eu faço isso? Acho que é uma tentativa inocente, no fundo, que berra desesperadamente a injustiça que é encontrar um amor que não cabe na gente – ou vice-versa. É encontrar o tal número perfeito aos nossos olhos, e o beijo não combinar, não rolar química, os gostos não baterem. Os ruídos começam a ficar mais altos, mas a gente coloca fones. Coloca porque não quer recuar, não quer dizer pro outro que errou – desculpa, mas a gente vai ter que parar por aqui. E carrega a dor. Porque parece muito mais fácil carregar dor que frustração.

Só com o tornozelo torcido, na última consequência do acontecido, foi que percebi o que estava na minha cara. Que não adianta insistir quando a forma não cabe na gente. Às vezes até cabe, mas depois de um tempo incomoda. Permitimos a tentativa de nos acostumarmos à outra pessoa, mas talvez seja inocência nossa achar que somos moldáveis o tempo todo. Não somos, e os outros também não. Se tivesse atentado aos sinais que eu mesmo me dava, que o corpo gritava, que eu sabia que existia aqui dentro, não precisaria ter chegado ao extremo. Na maioria das vezes, a gente tem essa escolha: de ouvir o que a gente fala, de seguir um conselho que vem de dentro. O problema é identificar isso e colocar acima do capricho de seguir em frente. Ou a gente identifica ou sofre a queda; ou você reconhece que não cabe no sapato novo ou continua andando e sorrindo como se estivesse tudo bem, até a hora em que não aguentar mais e desabar.

39

TUDO PASSA

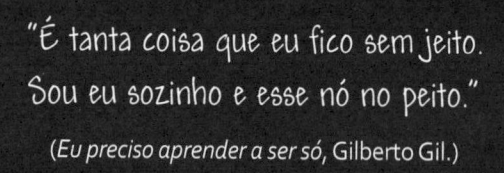

♪

"É tanta coisa que eu fico sem jeito.
Sou eu sozinho e esse nó no peito."

(*Eu preciso aprender a ser só*, Gilberto Gil.)

♪

É tão estranho quando passa. Quando aquele sentimento de que eu nunca ia achar alguém igual a você passa. Quando aquela agonia nada bonita no peito, que até chega a inspirar ou a despertar sérios motivos pra terapia, passa. Porque na troca desse sentimento meio triste, meio sozinho, de gostar de quem não gosta da gente, de sentir por quem recusou claramente ou por acidente, na troca disso tudo e no meio do turbilhão, a coisa para. Fica um buraco. Um buraco com tampa e um vazio diferente. Um vazio novo que a gente ainda não se acostumou, que tinha alguma coisa que preenchia antes e agora não tem, mas também não dói. É o vazio do que passou. E do nada eu percebo que você já não me incomoda tanto assim, que eu consigo acordar e passar por você sem ter um aperto, sem me sentir perdido, sem ter nó na garganta e uma crise de alergia pra disfarçar as mãos suando e o efeito da sua presença. Do nada passa e é tão estranho quando passa...

Eu achei que você nunca fosse passar. A gente sempre acha que vai demorar muito, ou que a atenção nunca mais vai desviar o foco de você, ou que a gente nunca vai conseguir mais engolir a saliva que fica presa na garganta em todas as vezes que você aparece com alguém, mas passa. Daí fica a saudade. Sabe aquela saudade gostosa que persiste, que a gente usa pra tentar sentir de novo enquanto faz todos aqueles testes de reação pra ver se você ainda incomoda? Saudade estranha essa. Nem é boa, nem é ruim. É persistente. Acho que é pra dar algum conforto nesse nó no peito que se desfez.

    E há os que não conseguem se desapegar dessa dor, desse sofrer-que-ainda-não-passou, e guardam isso pra sempre. Porque, se não bastasse perder – ou sequer ter ganhado – você, agora eu também perco o nó que você me deu. Como se isso fosse uma companhia compensatória. Sofrer demais é amar pra quem precisa preencher algum vazio qualquer, mesmo que as formas não se encaixem e sempre sobre um vazio em algum dos cantos. O vazio transborda. E essa gente um dia vai aprender que precisa deixar passar. Aprender também que, quando passa, a gente tem que ser forte pra reconhecer que já foi. Bola pra frente. História nova, quando a gente esbarrar em alguém que vai ficar ou passar também. Porque, se a gente se apega... ah, acaba num ciclo infinito. Dor-do-que-não-passou trocada por saudade de sentir dor. Tem gente que acha isso melhor do que cantar *Socorro* e imitar o Arnaldo Antunes. Eu prefiro acreditar que não é.

    Mas agora, falando especificamente de você – de você ter passado, e de eu nem ter percebido a despedida –, foi um estranho-bom. Foi bom porque a gente sempre acha que vai precisar de alguém pra ocupar o lugar, embora nem sempre seja assim. Um dia desses a gente acorda e pronto: você passou. Um dia desses a gente nem se lembra mais do seu telefone. Dia desses, a gente se esquece até dos seus gestos e acaba arrumando o armário sem dó nem piedade. Ah, tudo passa. Você passou, e muita gente ainda vai passar. Eu mesmo já devo ter passado pra tanta gente e pra tanta gente que ainda nem esbarrou comigo ainda. Você passou e eu tô deixando você ir de vez.

Sem me agarrar ao falso conforto da saudade que fica. Vai, pode ir, foi bom enquanto durou, mas eu já não preciso mais. Passou, passado. E fica até engraçado o jeito que a gente se pega vendo que o apego não tinha o menor fundamento e que tudo o que a gente fez foi meio imbecil. Mas não foi em vão. Eu precisava ter feito de tudo, ter ouvido de tudo, ter comido de tudo, ter chorado de tudo, ter rido de tudo e mais um pouco pra você passar.

Pra essa gente que ainda não passou, espera um pouco. Um dia desses a coisa muda. Abre um vinho e põe pra tocar alguma música. De preferência, alguma boa. "Você passa, eu acho graça. Nessa vida tudo passa e você também passou." Cantarola e beberica comigo, baixinho ou no volume que achar necessário. "Dentre as flores, você era a mais bela, minha rosa amarela, que desfolhou, perdeu a cor." E, quando passar, deixa passar tudo de vez sem fechar a porta no meio do caminho.

40

MEU HOMEM DE AQUÁRIO

"I'll be your clown
Behind the glass
Go head and laugh."

(*Clown*, Emeli Sandé.)

Eu pergunto o seu signo e você não responde. Enrola com um sorriso nada tímido e me fala sobre como eu deveria conhecer Aruba ou Cancún – os dois são boas opções de lugares bonitos para eu pegar uma cor. Você enrola mais um pouco contando das últimas férias e olha pro relógio pela segunda vez. Tem algum compromisso em alguma região da cidade, mas, olha, a gente marca um jantar lá em casa amanhã, você topa? Topo. Como sempre.

Você é de Aquário.

E me faz nadar, nadar, nadar sempre em círculos. Eu me sinto um pouco Nemo, procurando por alguma coisa que eu não sei o que é, quando na verdade não existe nada perdido além de mim. Eu te enxergo como um mar imenso cujas profundidades estão bloqueadas, então meu mergulho é raso. Fico sempre com a cabeça pra fora; o máximo que chego perto de você é quando você me deixa colocar os pés na borda e sentir um pouco da água.

É incrível como eu tento e você renuncia. Fica ali o tempo todo, exposto na minha sala, e todo aquário ornamental tem peixes dentro. Eu te alimento, te cuido, estou presente. Não tem uma rachadura na sua superfície, nada que denuncie o motivo pelo qual você me renuncia. Tudo bem, eu digo. Já disse que topo. E você me liga. Liga e eu vou pro bendito jantar que já deve ser o quinto neste mês que segue o mesmo protocolo: eu chego, você me abraça, liga o som e pega o meu casaco, me oferece alguma bebidinha ou cerveja, porque sempre tem cerveja na sua geladeira, eu sento, você fala sobre como ama aquela música e vai pra cozinha, eu ando pelo seu apartamento e mexo na estante, você me pergunta se eu tô procurando alguma coisa.

Eu tô. Tô sempre me procurando ali na sua estante.

Sempre me perguntando em qual lugar da sua prateleira eu estou. Mas não me acho.

Sento pra jantar e você me serve um prato. Quer algo pra acompanhar? Quero, você. Mas isso não existe no cardápio de hoje. Sento e ouço as conversas de sempre, as partes da sua vida que importam, o seu medo de dar dois passos à frente, e você passa os braços por mim. Sorrio e coro. Nada novo.

Na hora de ir embora, mais uma vez, mais uma maldita vez em que eu me levanto, pego o meu casaco, olho nos seus olhos e não vejo nada; me sinto bloqueado, você me diz obrigado. Obrigado pelo quê? Por ser especial pra mim. E me abraça parando o queixo no meu pescoço. Não esquece de avisar quando chegar em casa? Não esqueço. Me beija na testa, e eu desço o elevador consciente de que esse não vai ser nosso último jantar. Passo pelo porteiro, e até ele já sabe.

Você é de Aquário. E parece que se comporta exatamente assim. Enquanto eu tento superar meu medo de nadar, de mergulhar de roupa e tudo, de pegar uma baita gripe quando subir à superfície, você é raso. Tá sempre ali e me rodeia. Mas não tem água. Você é de Aquário e me mantém perto o suficiente pra que eu possa tocar no vidro, mas nunca na água. Existe essa parede de vidro que só marca as digitais, mas nada de pele.

E, enquanto penso que você poderia ser meu horóscopo inteiro, você renuncia.

41

SINAL VERMELHO

♪ "The man is gone
And mama says
She can't live without him."
(*Mama Says*, Ibeyi.) ♪

Ele disse que era hora de eu pensar mais em mim, eu disse "tudo bem" com um sarcasmo absurdo, de quem duvida do altruísmo dele. Ele disse que era hora; ele tinha que ir embora. Já vai tarde, mas vai mesmo? Vai não, fica aqui me torturando mais um pouco, jogando palavra-por-palavra pra eu pegar cada parte que cai da sua boca e botar na minha feito chiclete. Tá sem açúcar já. O chiclete? Não, a gente. Mas nunca foi açúcar, era pimenta. De qual tipo? Não lembro. Pois é, nem eu.

    Atravessei o sinal fechado e nem percebi que o farol era vermelho. Fui xingado por dois ou três motoristas, mas rodopiei como se estivesse fugindo deles, e não de mim.

    Você botou uma plaquinha de "Fechado pra balanço" no meu pescoço e foi embora. Doutor, dá pra forçar o coma de alguém assim, sem mais nem menos, sem receita médica, sem nem olhar o prontuário? Ele disse que eu ficaria louco e não foi coerente. Louco eu sou, mas por ele. Não aprendi a andar de carro com freio de mão puxado; o acelerador não funciona, só dá pra sentir o cheiro de queimado quando o motor faz força. E é assim que eu me sinto: como se meu pneu queimasse, como se eu forçasse o motor e estivesse indo embora pra casa com o banco do carona vazio.

Ele disse que era hora; ele tinha que ir embora. E conferiu o relógio.

Nessa mesma hora, eu apelidei o momento de surpresa-inesperada-que-eu-não-desejaria-que-você-tivesse. Se for pra pensar em mim, você pode ficar aqui pela sala com os gatos. Eles vêm e se esfregam na minha perna; quase não olho pra baixo, meu carinho é involuntário. Com você pode ser do mesmo jeito, mas fica aqui. Eu sou alérgico ao pelo deles, mas não aos seus. Dá pra pensar na vida com um pouco de companhia. Ah, se dá.

Não tenho a menor ideia do que eu tô fazendo com a minha vida, mas com você eu sabia. Minto. Nunca soube. Sei nem como a gente se conheceu, pra dizer a verdade. Num dia era a cozinha, no outro a mesa já tava posta na minha cama. Duas semanas depois tinha caixa pra todo lado e você tinha a minha chave. É tão pesado carregar o molho de chaves da casa de outra pessoa, meu bem, é um fardo enorme poder entrar e sair a hora que quiser da vida de alguém. Você diz que eu preciso parar um pouco porque levo o mundo na palma da mão. Rodopia – o mundo, não eu, é claro. Vê como ele se move rápido na ponta dos meus dedos? De vez em quando esqueço que faço parte dele e me julgo um deus-sumido--do-Olimpo, um Áries jogado na Terra pra combinar com teu signo. Se a gente não derrotar Zeus, quem vai roubar o mundo pra gente? Ninguém, meu bem, nem Hércules.

Paro na esquina da sua rua e reparo que errei o caminho, ou teria acertado?

Faz só três meses, e eu não pensei na minha vida nem te pedi os vinhos e o molho de chaves de volta, mas continuo afirmando com sarcasmo que visito a terapia toda quinta de manhã. Você acredita mesmo nessa velha história que dá pra gente se curar? Não dá; o importante é a gente se envenenar junto e encontrar outro tempero pra botar no fogo. Você pode ficar aqui com os gatos enquanto eu cozinho, pode roçar na minha perna também, porque o meu carinho é involuntário. Penso no que você quis dizer com "já é hora" e "pensar na minha vida". Ora, que sentido tem parar pra pensar na vida se ela anda? Se paro, eu a perco de vista, te perco de vista. Parar é só atraso, falo isso pros gatos. Felizes são os gatos, que não precisam parar pra pensar na vida porque só comem e bebem e dormem e roçam na minha perna esperando carinho, como eu tenho feito com você.

Quase no número 1.670, eu paro. É também involuntário. Num lapso, paro o mundo que gira na palma da minha mão e entendo. Não tem gatos, não tem seus pelos, não tem pimenta, não tem tempero, e faz três meses que eu saio às quintas de manhã sem ter pra onde ir – chamo isso de "já é hora" e "pensar na vida". Chego às oito horas e vou embora às onze, religiosamente. E toda quinta-feira eu aposto comigo mesmo, com o mundo na palma da mão, como se fosse algum deus-que-agora-não-é-mais-divino. Se verde, avanço. Se vermelho, volto na próxima sessão de terapia. Acelero na primeira, segunda, terceira e paro. Na esquina da sua casa, o farol é claro, sempre claro: hoje, como em todos os outros dias, você me dá sinal vermelho.

42

UM DIA DESSES EU TE LEVO PRA CASA

"Heaven is a place on Earth with you."
(*Video Games*, Lana Del Rey.)

Viro a esquina e você me pede pra parar o carro no metrô. Você prefere vagar um pouco por aí pra botar a cabeça no lugar, é o que me diz. Diz isso e eu não sei se é a melhor forma de se encontrar, mas respeito. Paro o carro na estação mais perto da minha casa e te pergunto do que você tem medo. Eu tenho medo de deixar alguém entrar, de chegar em casa e ver a porta aberta de novo e as chaves no criado-mudo, meu bem. Entendo.

Entregar as chaves da casa que dividiu com alguém é o mesmo que dizer que ali não é mais seu lar. É renunciar ao abrigo – da casa e de quem se amou ali. Foi ele quem foi embora, mas foi você quem ficou sem teto, sem piso e sem um monte de coisas que fazem da casa um lugar seguro.

Entendo.

Engraçado é que, depois que ele foi embora, você nunca mais andou com as chaves. Tem medo de perdê-las, tem medo de encontrá-las. O barulho delas no bolso te faz lembrar um pouco de como escolheu ser solitária, não é? É que ficar sozinha de vez, por escolha própria, parece ser o escudo perfeito: quando você já está sozinha, ninguém pode fazer isso por você – ninguém pode forçá-la à solidão. O raciocínio é claro, mas eu lamento. Lamento porque, enquanto você não deixa ninguém sair de casa, também não me deixa entrar. Tampouco chegar perto da porta. É uma mecânica de autodefesa tão forte e tão clara que eu nem preciso falar a respeito, porque você já sabe. E se desculpa com os olhos.

Dia desses eu me encontro, você diz. Até parece que foi você quem saiu por aí sem rumo e nunca mais deu notícias; até parece que você quer encontrá-lo pra dizer que ele não podia nunca ter deixado as chaves e a porta destrancada. Porque antes dele você não tinha esse toque chato, esse toque bravo, de trancar a porta em toda e qualquer passagem por ela. Você tranca, destranca e tranca de novo, pra checar se está segura. Não está, mas você não sabe disso. Você tá supervulnerável, e fechar a porta é a prova disso.

Dia desses eu te levo pra casa, eu digo. Te levo e pego na sua mão pra girar a maçaneta. Giro, apago as luzes e fico quieto com você até se acostumar comigo em casa. Eu sei que você vai se assustar com os pés tocando a madeira gelada no escuro; vai se assustar com o vulto e as mãos--dadas; vai se assustar com alguém do outro lado da cama. A gente deita sem roupa e você nem precisa encostar em mim, mas encosta se sentir que deve, se sentir que pode confiar, porque eu tô aqui pra isso. Tô aqui pra acordar de noite no meio de um pesadelo teu pra te dizer que já foi, que ele já era, que isso tudo vai passar. Que não importa se você deixa a porta aberta ou fechada, isso não vai mudar o fato de que ele passou por aquela maldita porta e foi embora, e você precisa encarar isso. Tô aqui pra você enrolar a perna sem perceber que é um jeito de não me deixar escapar também, um jeito de gritar com o corpo que quer companhia, embora morra de medo de perder alguém de novo. Tô aqui pra você abrir os olhos de manhã e dar de cara comigo, imóvel, estático, vestido, como se estivesse pronto pra ir embora, mas então te dizer que escolhi ficar. Fico e te destranco, fico e me destranco pra você.

Uma hora eu te levo pra casa, e você não vai precisar mais vagar por aí. Vagão vagão vagão vagão vagão e chegamos. Não vai precisar do metrô, porque eu te levo em casa. Uma hora, quem sabe, você consiga entender que ele não sou eu, nem os outros serão ele. Ele foi só mais um cara que deixou as chaves e uma porta destrancada – e talvez a tenha deixado destrancada justamente pra deixar alguém entrar mais tarde. Uma hora você entende que uma porta serve de nada se não for pra deixar alguém passar por ela.

43

ESSE VAZIO AQUI DENTRO

♫

"But now he lives inside someone he does not recognize
when he catches his reflection on accident."

(*Brother on a Hotel Bed*, Death Cab for Cutie.)

♫

Deito no sofá da sala como se fosse um divã. A não ser pelos gatos, a sala está vazia, o quarto está vazio, e a cozinha (como todas as cozinhas) está uma bagunça. Eu também.

    Será que alguém um dia já viu esse buraco? Essa coisa enorme que se projeta no meu peito e me consome, vai me mastigando; é angustiante, espero que você não sinta isso. Sente? Sente-se aqui, vamos conversar. Você sente frio? Porque eu sinto frio o tempo todo, frio é tudo o que sinto com roupa, sem roupa, com sol, com chuva, aqui ou durante a noite. E eu levanto todo santo dia em toda madrugada pra fechar a janela, mas queria mesmo era fechar esse buraco, essa fresta que, tenho certeza, é o que faz o frio passar.

    Eu tenho essa sensação que me acompanha há mais tempo do que eu, antes mesmo d'eu pisar na Terra. É uma sensação incômoda de que eu vim pra essa vida pra viver sozinho, peregrinar por aí e nunca ser capaz de encontrar companhia. Quero dizer, até encontro, mas nada amansa o frio, e eu já andei abraçado, já ardi de calor e suor na cama, já quase morri sufocado. Já tapei buraco em aeroporto, cais, chegada, partida, família, carreira e tudo quanto é coisa que você possa imaginar. Já tentei enfiar de tudo pra ver se encaixa, mas parece que o Lego daqui é diferente, que não tem peça que dê jeito.

Mudo as paredes da minha casa e mudo os quadros de lugar todo dia. Sou inquieto e preciso mudar, mudar logo, mudar sempre, bolar outra escala de cores porque, do contrário, eu me mudo. Mudo de rotina e nada acontece, mudo de emprego e parece que vou carregar o fardo pra onde quer que eu vá, de São Paulo ao México, do Rio a Londres. Você já sentiu isso? Como se tudo o que conseguisse sentir fosse vazio?

Eu sinto. Sinto tanto frio e tanta falta – falta é a coisa que eu mais sinto, o que é engraçado, já que falta é nada. Bobagem, falta é companhia. Sinto como se faltasse algo, e falta também é esperança, porque acredito que num dia desses eu encontro – um dia, dizem eles. Encontro e vou poder te dizer como é viver sem sentir frio, como é morar e sentir que tem abrigo, como é passar pelas paredes sem que elas ecoem o silêncio em você. Vou te dizer tudo isso e vou torcer, rezar, acender vela pra um santo, pedir ajuda às crenças – às minhas e às tuas – pra que você também se sinta bem como eu vou me sentir.

Agora não sinto. Sinto nada. Não sei por quanto tempo vou continuar assim, mas te aviso. Pra você voltar e eu te contar a história de novo, desta vez sem frio, sem fome, sem vazio, sem falta, sem nada.

A não ser pelos gatos, a sala está vazia, o quarto está vazio, e a cozinha (como todas as cozinhas) está uma bagunça. E eu também.

44

AO AMOR
DA MINHA VIDA

♪

"You got that something that keeps me so off balance
Baby you're a challenge, let's explore your talent."

(*What's My Name*, Rihanna. Mas sugiro que você ouça
a versão do Hobbie Stuart.)

♪

De verdade, meu bem, eu não acredito que você exista. Mas cheguei à conclusão de que, se não for por amor, que seja por você.

Que eu te encontre num dia ensolarado, nublado, chuvoso, com névoa, e te diga alguma coisa. Que eu te reconheça no momento exato em que puser meus olhos em você. E que você saiba que houve um encontro ali. Que você esteja vestida de vermelho, amarelo, azul, verde, preto e branco. Que você me ache engraçadinho, pelo menos. Quem sabe tímido, quem sabe babaca demais, quem sabe charmoso, quem sabe eu nem te chame a atenção. Mas que você me veja com bons olhos e eles encontrem os meus. Que eu acerte a cor dos seus olhos numa brincadeira qualquer. E que aí você perceba o quanto eu te enxergo em tão pouco tempo. Que você seja amiga de algum amigo, ou a gerente do banco, ou a colega de faculdade, ou a menina bonita da balada, ou filha da amiga da minha mãe. Que você se encante comigo de alguma maneira. Que você se permita me conhecer melhor e saber que eu sou legal, ou que sou interessante, ou que não tenho nada a acrescentar a você, ou que eu sou um completo egoísta, ou que eu tenho um blog bacana que fala dessas coisas bonitas em que as pessoas acreditam. Mas que você não seja um ponto-final. Que seja as aspas, as reticências, o parágrafo, o travessão. Que você seja.

    Que você saiba como eu sou complicado, ou que eu sou desajeitado, ou que eu sei dançar muito bem, ou que eu piso no seu pé porque não sei andar em linha reta, ou que eu detesto o cheiro de queijo ralado. Mas que você decida ficar e me conhecer mais, seja por curiosidade ou porque acha que pode se encontrar no meio da minha bagunça. Que a gente se conheça aos poucos, aos muitos, aos tantos, aos beijos, aos toques, aos olhares, aos filmes de fim de tarde, aos cheiros de perfume novo, aos dias de dormir de conchinha, aos minutos de ligações intermináveis. Que você possa contar comigo, possa dormir comigo, possa brigar comigo. Que você não se arrependa naqueles momentos em que a gente questiona o amor, que você tenha orgulho de me mostrar pras suas amigas e que elas tenham inveja de você. Que eu possa te trazer café na cama, te dar um beijo de surpresa, te ver sem maquiagem, te morder até você ficar sem graça. Que eu não seja odiado pelos seus pais, que eles não me chamem de filho, que seu irmão torça pro mesmo time que eu. Que você me queira como pai dos seus filhos, que você se orgulhe de mim, que você esteja linda quando entrar na igreja.

    Que eu possa te fazer sonhar. Que eu possa realizar os teus maiores sonhos e te consolar caso alguma coisa dê errado no meio do caminho. Que eu não saia nunca do teu lado, nem quando você pedir. Que os teus dias de TPM sejam lembrados com risadas e justifiquem aqueles quilos a mais que você ganhar com o brigadeiro. Que você chore bastante. Chore de rir, chore de saudade, chore de alegria. Que eu possa garantir que você não vai se machucar. Que o nosso filho tenha os teus olhos, a tua boca, o teu nariz. Que ele me faça lembrar de você todos os dias. Que a gente caia um pouco na rotina e não mude por isso. Que a gente saia da rotina e se encante com algumas aventuras de vez em quando. Que a gente saiba reconhecer o valor da companhia um do outro. Que eu te ame como nunca amei ninguém e que você me modifique da maneira que o teu amor quiser.

Mais importante que isso tudo: que você exista. E que não demore tanto pra chegar à minha vida.

45

QUANDO UM AMOR ACABA, PRA ONDE ELE VAI?

"Three months and I'm still breathing
Been a long road since those hands I left my tears in…"
(*Sober*, Kelly Clarkson.)

Desde pequeno, observei um ritual curioso que a minha mãe seguia de cor e salteado e, consequentemente, fazia com que todo mundo lá em casa seguisse também. Sempre que íamos a alguma cerimônia em um cemitério, fosse uma visita regular ou um enterro de algum conhecido, ela nos fazia tirar as roupas na porta de casa e colocá-las para lavar.

Eu repeti esse processo de chegar em casa, tirar os sapatos e a roupa e colocar tudo no cesto por anos. Era meio que uma ordem, e não havia por que contestar – em palavra de mãe a gente acredita cegamente. Achava que o ambiente dos cemitérios era mais sujo por acomodar corpos que iriam se deteriorar com o tempo, coisa e tal. Era bem plausível pensar assim, e mais plausível ainda entender esse argumento pra lavagem expressa da roupa. Mas não era bem isso. Anos depois, mamãe comentou que morria de medo de deixar circular pela casa alguém vestido com as roupas "carregadas pelas energias da morte". Pra ela, era bem simples: o que tinha morrido ficaria no cemitério e nunca mais voltaria com a gente pra casa.

E eu acho que demorei muito pra aprender essa lição.

Muita coisa aconteceu e muita coisa ainda vai acontecer em histórias de amores que marcaram e vão marcar a gente. Início, meio e fim. Acho que, das três partes, a pior é sempre o fim, e o pior ritual romântico pelo qual a gente tem que passar é o enterro de um amor. Quando um amor acaba, rola toda aquela coisa de negar, de se apegar ao que já foi, de dizer pra si mesmo que nunca mais vai haver história igual àquela. Quando um amor acaba, a gente acaba um pouco também. A gente enterra o tal do amor e enterra uma versão de nós mesmos que a gente conhecia.

Quando um amor acaba, a gente fecha um ciclo. Então faz sentido quando dizem que nada vai ser igual dali pra frente – eu só não gosto quando caio pro lado pessimista ou quando um dos meus amigos se apega a isso como desculpa pra não seguir em frente. É normal agir assim, é normal enterrar amores, é normal que a gente fique deslocado porque, bem, não importa se foram três meses ou três anos, se foi uma vida inteira ou num verão chuvoso no litoral, a gente reaprende a ver o mundo quando tem companhia para conhecê-lo. É troca, é perspectiva diferente, é como se tudo nos levasse a decorar as coisas de uma maneira nova. Daí a troca acaba, a perspectiva muda, e a gente volta ao processo lento de ter que dar os primeiros passos meio engatinhando pra depois ficar em pé.

O problema disso tudo é que enterrar um amor não é o mesmo que enterrar um ente querido. Não dá pra chegar em casa, tirar as roupas, bater o sapato no tapete e jogar tudo no cesto. Não tem máquina de lavar nesses casos. Podemos fazer todo esse ritual, mas depois que um amor acaba não tem jeito: vamos entrar em casa carregando todas as marcas e todas as memórias. Não é só o que vestimos que carrega o outro que se foi, é a gente. É o quarto, é o porta-retratos, é a tampa do banheiro levantada, é o resto de comida japonesa do final de semana. É que cada cômoda conta uma história diferente de uma data do calendário. É que a gente aprendeu que ali não é só casa, mas foi lar. Que ali não acomodou só a gente, mas o "nós". O bendito – ao qual agora nos referimos como maldito – nós.

Não vai ser nem um pouco fácil se livrar do que ficou, não tem alvejante que ajude nessas horas. Pode esfregar, seja no tanque ou na máquina – talvez no tanque seja mais dramático, doa mais a mão. Talvez combine mais com a taça de vinho que você vai tomar, ou com a garrafa inteira. Talvez você desista e deixe a roupa de molho, mas como faz pra se deixar de molho também? Mamãe nunca considerou esses casos.

E hoje eu me pego numa tentativa inútil de me livrar da memória de um amor finado enquanto a máquina bate. Não é a primeira vez, mas quem no mundo se lembra de todas as outras vezes quando tem que enterrar alguma coisa? A gente não se lembra, ninguém lembra. É racional demais pra um momento que explora o nosso sentimental como se martelasse batesse puxasse rasgasse suturasse a pele. Tudo em seguida, um atrás do outro. Se pelo menos eu me lembrasse dos enterros passados, de tudo o que senti e já passou, de tudo o que senti e que ficou. Mas eu só sinto. Só me sinto um garoto perdido no meio de alguma coisa que sequer sei explicar.

Daqui em diante, é renascer ou ficar pra fora de casa, porque entrar nela significa trazer tudo: roupa, sapato e coração encardidos do velório. A escolha é sua.

Quando um amor acaba, pra onde ele vai? Pra onde a gente vai? Ouvi isso numa música do Arcade Fire uma vez e, sinceramente, não sei responder. Porque pra mim, quando um amor acaba, uma porta se fecha. Você num sótão pra pensar na vida, sem tempo determinado de sair dele. Você vai sair dele, é claro, mas não sei se é hoje ou se vai ser daqui a dois anos. A gente nunca sabe.

Quando um amor acaba, você entra no limbo.

Agradecimentos

Aos meus pais, Valdecir e Ana, por terem me ensinado muito mais do que imaginam – sempre fui bom em aprender nas entrelinhas. Ao meu irmão, Leonardo, pelo companheirismo e leitura crítica. Não sei o que faria sem um leitor dentro de casa. Aos meus familiares, em especial à vovó e minhas tias mais próximas, pelo afeto indispensável na construção do olhar sobre o outro.

A Gabriel Nakayama, Isadora Duarte e Paula Drummond por aturarem minhas noites de insônia e insegurança na dúvida sobre os textos desse livro. Obrigado por terem sido os primeiros leitores e editores desta obra.

À Priscila Nicolielo, que me apresentou à Planeta. Obrigado pela inspiração teatral da sua escrita e pelo carinho. É recíproca a admiração.

Aos queridos Felipe Brandão e Luciana Paixão, que cuidaram carinhosamente deste livro, ouvindo minhas sugestões e permitindo que eu me expressasse da forma mais natural possível.

Ao Caio Fernando Abreu, por ser a inspiração em forma de palavras. *Morangos Mofados* dificilmente deixará de ser meu livro preferido. Presto aqui uma singela homenagem com algumas referências à obra deste grande escritor.

A Stella Florence, por ter escrito alguns livros que eu poderia facilmente reconhecer como meus. Obrigado pela identificação, aprendizado constante e carinho. E muito, mas muito obrigado, por ter escrito *Os Indecentes* e *32* e ter-me transcrito neles.

Aos meus amigos do Rio de Janeiro, que agora moram aqui ao lado, por me lembrarem que a gente não pode ser sempre cinza como São Paulo. É preciso sol, praia, corrida na orla, um pouco de Arpoador e um monte de histórias na Lapa para se escrever sobre amor. Obrigado aos amigos do Pedro II, que viram o nascimento do blog e apoiaram essa estrada desde o início. Obrigado aos amigos da UFRJ, em especial aos que fazem parte da Tchurminha e da Lapinha, pelos trocadilhos engraçados, amizade verdadeira e muito, mas muito apoio hoje e sempre.

Aos meus amigos de São Paulo, por me ensinarem que lar é aquele lugar onde a gente se sente à vontade pra ser quem a gente é. Obrigado por me abraçarem, abrigarem da chuva e pelo incentivo constante para não desistir das coisas.

Aos colunistas do Entre Todas as Coisas e outras pessoas que já passaram pelo blog. Sem vocês ele não teria se transformado no que é hoje. Obrigado também ao Casal Sem Vergonha, pelo espaço que me tem dado o prazer de escrever textos desde 2012, antes mesmo de entender sobre o que eu gostaria de escrever.

Aos amores que já passaram pela minha vida. Sem vocês, garanto que metade desse livro não existiria. Vocês foram a prova de que amor não precisa exatamente dar certo pra ser amor. E um muito obrigado pra alguém que foi embora pro México e deixou um punhado de crônicas desesperadas para serem escritas.

E, por último, e justamente mais importante: obrigado aos leitores do blog, por terem me dito para não desistir. Por todas as cartas, e-mails e recados. Vocês mostraram que eu não estou sozinho no mundo. Se hoje esse livro existe, é por culpa de vocês.

Leia também

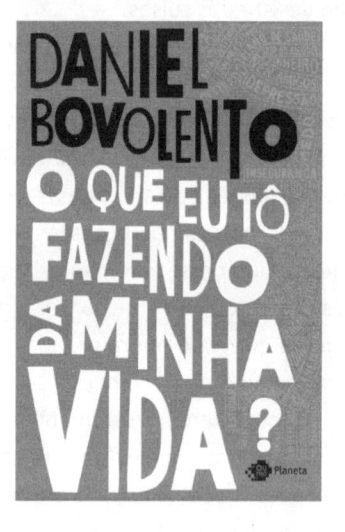

Daniel Bovolento — *Depois do fim*

Daniel Bovolento — *O que eu tô fazendo da minha vida?*